増補改訂版

おいしい珈琲を自宅で淹れる本

Enjoy your life with delicious coffee at home

カフェズ・キッチン 学園長
富田佐奈栄

主婦の友社

おいしいコーヒーを、もっと自宅で

喫茶店などで味わえる香り豊かな本格的なコーヒーを
自宅で楽しみたいと思いませんか?
おいしいコーヒーを自分で淹れられるようになれば
自宅が最高のカフェに変わり、極上のコーヒーブレイクを過ごせることでしょう。
本書は、2012年に主婦の友社より刊行された
『おいしい珈琲を自宅で淹れる本』に加筆・修正を加え、再編集したものです。
「コーヒーの味はどうやって決まっていくのか」という基本的な味わいの話から
淹れ方、砂糖やミルク、クリームなどの選び方、
カフェで人気のアレンジコーヒーのレシピ、コーヒー豆カタログ&入手方法まで
自宅で本格コーヒーを楽しむための入門書として役立つよう
さらに内容を充実させました。
本書をきっかけに、より深くコーヒーを知り、
豊かですてきなコーヒーライフを過ごしていただければ幸いです。

日本カフェプランナー協会会長
佐奈栄学園 カフェズ・キッチン学園長　富田佐奈栄

もくじ

5章
アレンジコーヒー&フード・レシピ

本書について

・3章（抽出）において、コーヒーメーカーの抽出に関する項目は設けていません。説明書に従って抽出してください。

・6章の豆のカタログに掲載したブランドは、契約の関係、農園の閉鎖などによって、日本で入手できない場合がございます。ご了承ください。

・計量の単位は、大さじ1は15㎖、小さじ1は5㎖、コーヒースプーンは約2㎖です。

・表示したオーブンの温度と焼き時間は目安です。オーブンは機種によって焼き加減にクセがありますので、調節してください。

・食塩不使用バター、グラニュー糖、上白糖、粉砂糖などのように、材料はできるだけ特定できる名称を使用しています。

・ココアパウダーは粉乳や砂糖などの入っていない、カカオ100%のものを使っています。

・生クリームは乳脂肪分35%のものを使っています。

協力会社リスト（五十音順）

アキタフーズ
tel 03-6809-1806
https://www.akitatamago.co.jp/kiyora/

石塚硝子 ハウスウェアカンパニー
tel 0587-37-2024
https://aderia.jp/

エフアンドビー
tel 03-3893-0456
https://f-and-b.jp/

カリタ
tel 045-440-6444
https://www.kalita.co.jp/

キーコーヒー
tel 0120-192008
https://www.keycoffee.co.jp/

共和コーヒー店
tel 052-353-3145
https://www.kyowacoffee.co.jp/

サンエイト貿易
tel 03-5414-1570
https://www.sun-eight.com/

サンデン商事
tel 03-3440-6500
https://www.sanden-shoji.co.jp/services_category/vanillabeans-paste-recipe/

サントリーフーズ
tel 0120-139-320
https://www.suntory.co.jp/softdrink/pro/

スギコ産業
tel 03-3537-1951
https://sugico.co.jp/

タイガー魔法瓶
tel 0570-011101（月曜～金曜 9:00～17:00）
https://www.tiger.jp/

タカナシ乳業
tel 0120-369-059
https://www.takanashi-milk.co.jp/

タヌマ
tel 045-548-3113
https://k-tanuma.com/

筑波乳業
tel 03-5807-8150
https://www.tsukuba-milk.co.jp/

ニダフジャパン
tel 03-6226-6244
https://nidafjapan.com/

日仏貿易
tel 0120-003-092
https://www.monin.com/jp/

日清製粉ウェルナ
tel 03-5641-8115
https://pro.nisshin-seifun-welna.com/b2b/

日世
tel 03-5749-9121
https://www.nissei-com.co.jp/

日本食品製造
tel 0120-249-714
https://www.nihonshokuhin.co.jp/

ハニデュー
tel 03-3548-8200
https://www.honeydew.co.jp/

HARIO
tel 0120-398-208
https://www.hario.com/

丸源飲料工業
tel 03-3617-0121
https://www.marugen.com/

マルサンアイ
tel 0120-92-2503（土日、祝日、休業日を除く 9:00～17:00）
https://www.marusanai.co.jp/

森乳フーズ
tel 048-487-9166
https://www.morinagamilk.co.jp/

山眞産業花びら舎
tel 052-521-0500
https://www.yamashin-sangyo.co.jp/

1章

コーヒーを自宅で
おいしく飲む条件

自宅で喫茶店のようなコーヒーを淹れるには
プロの技が必要と思っている人も多いのでは？
いいえ、喫茶店に負けないコーヒーを
自分で淹れることは、そう難しくはありません。
おいしいコーヒーとは何か？　おいしく淹れる条件とは何か？
この章で総合的に理解してから
あとの章で細かい知識やテクニックを身につけましょう。

うちで飲む「自分好みのコーヒー」が一番おいしい

自宅で飲むコーヒーは、やっぱり楽しくて、おいしい。
カフェや喫茶店の味は出せなくても
おうちにはおうちなりのコーヒーの楽しみ方があります。
そんな「自宅で飲むコーヒー」の魅力をまとめてみました。

淹れるときから香りが楽しめる

挽きたてのコーヒーは、まさに「アロマ」というべきよい香りがします。これこそが自宅でコーヒーを淹れる大きな醍醐味。手廻しミルの小箱にたまったコーヒー粉のにおいを楽しむのもまた一興です。そして熱湯をかけて部屋じゅうに満ちる香り。飲む前から至福のときが楽しめます。

時間を気にせず飲みたいときに飲める

カフェや専門店と異なり開店時間を気にせず飲みたいときに飲めるのも、自宅で淹れるコーヒーの魅力。例えば朝起きて一番に淹れる目覚まし代わりのコーヒーや、真夜中の作業の心強い味方となるコーヒー。時間や状況に応じて豆や挽き方、湯の温度を変えるのももちろん自由です。

コーヒーの味の違いがわかるようになる

自分の手で淹れると、豆の種類や産地、焙煎方法などにもっと興味がわいてくるはず。いろいろと試していくうちに、自然とお店で出されるコーヒーの味や質の違いがわかるようになるでしょう。「酸味系が好きならこの豆がおすすめだよ」なんて、さりげなく自慢できちゃうかも。

好みに応じた自分だけのブレンドができる

上級者ならぜひ試してほしいのが、複数の豆を自由に組み合わせたオリジナルのブレンド。酸味やコクなど特性が異なる世界各国の豆を組み合わせると、複雑に味がからみ合って思いもよらないおいしいコーヒーができることも。本書の6章でレシピを紹介しているので、ぜひ参考に。

アレンジコーヒーも思いのまま

おしゃれなカフェで飲むようなカプチーノやフレーバーコーヒーが自宅でも楽しめたら、あなたのコーヒーライフはもっと豊かになります。ミルクや生クリーム、シロップなど簡単に手に入る材料で、いつものレギュラーコーヒーとはひと味違うアレンジコーヒーにトライしてみましょう。

どんな味がするかドキドキワクワクする

インターネットが発達した現在なら、世界中から希少なコーヒー豆を手に入れることだって可能。マニア向けの専門店でしか手に入らないような、めずらしい銘柄のコーヒー豆の封を開けたときにフワッと漂う香りから、「一体どんな味がするんだろう」と想像を巡らせるのも楽しいものです。

味の決定条件｜1

豆選びと焙煎で味は大きく異なる

一杯のコーヒーができ上がるまでには多くの工程があり、さまざまな条件が味に影響します。コーヒー豆の生産からカップに注がれるまでを順に追い、工程ごとに味に影響を及ぼすポイントを整理しました。

生産・作業工程

植樹

コーヒー豆の状態

購入前に味は決まっている？

自宅で飲む一杯のコーヒーのルーツをたどると、最後にはその豆が栽培されたコーヒーの木に突き当たります。ここから逆に自宅でコーヒーになるまでを追い、どんな条件が味に影響するのかを見ていきます。

豆の生産工程について触れたのは、生豆のでき具合でコーヒーの味がある程度決まるから。この段階で味の70％は決まると主張する人もいます。私はそこまでの比率とは思いませんし、初心者はむしろ抽出の技術で大きく差がつくと思いますが、豆に全く無関心ではダメ。抽出技術ではどうにもならない「豆の特徴的なフレーバー、酸味、コク」があるのは確かです。豆の持つ風味や生産方法、収穫された農園に興味を持つのも「おいしいコーヒーを自宅で淹れる」重要な条件と考えましょう。2章や6章も参考に。

味の決定条件｜1・1

豆の品種によって香味の特徴が異なる

日本の米と同様にコーヒーの木にも多くの品種があり、大きくはアラビカ種とロブスタ種の2つに分けられます。前者のほうが高品質で、ふだん飲むレギュラーコーヒーのほとんどがこちら。ロブスタ種はベトナムコーヒーなど苦みを利かせて飲む場合や、工業製品（缶コーヒー、水出しコーヒーバッグ）で触れることが多いでしょう。アラビカ種にはさらにブルボン種、ティピカ種と呼ばれる在来種と、カツーラ種、スマトラ種などの突然変異種があり、それぞれ風味に特徴があります。在来種のほうがメジャーで、ブルボン、ティピカ種はワインでいうとカベルネ・ソーヴィニヨンやメルローなどの人気品種に当たります。おいしいコーヒー豆を発見したらその品種を調べて覚えておくといいでしょう。

収穫 ← 精製 ←
ウェットミル
・ナチュラル
・パルプドナチュラル
・セミウォッシュド
・ウォッシュド

果実 ← 生豆（皮付き） ←

味の決定条件 1・2

農園の「土地力」「気候」「標高」で風味が変わる

アラビカ種は高温・多湿の気候が苦手で、高温になりやすい熱帯の低地では育てるのが難しいといわれています。熱帯地域では山岳の標高が高いエリアが栽培に向いており、ほどよい気温の高さと夜間の気温の低下による寒暖差で、コーヒーの実が引き締まります。中米各国のように「産地高度」によって豆のランク付け（P29参照）が行われるのはこのためです。火山灰土壌で弱酸性の豊富なミネラルを含み排水性がいいなど、農園の生育環境も重要。ほしいと思った豆の生産農園があらかじめわかっている場合は、こうした情報を調べてみると、「生育環境とコーヒー豆の味の因果関係」がわかってきて、自分好みの豆を見つける手がかりになります。

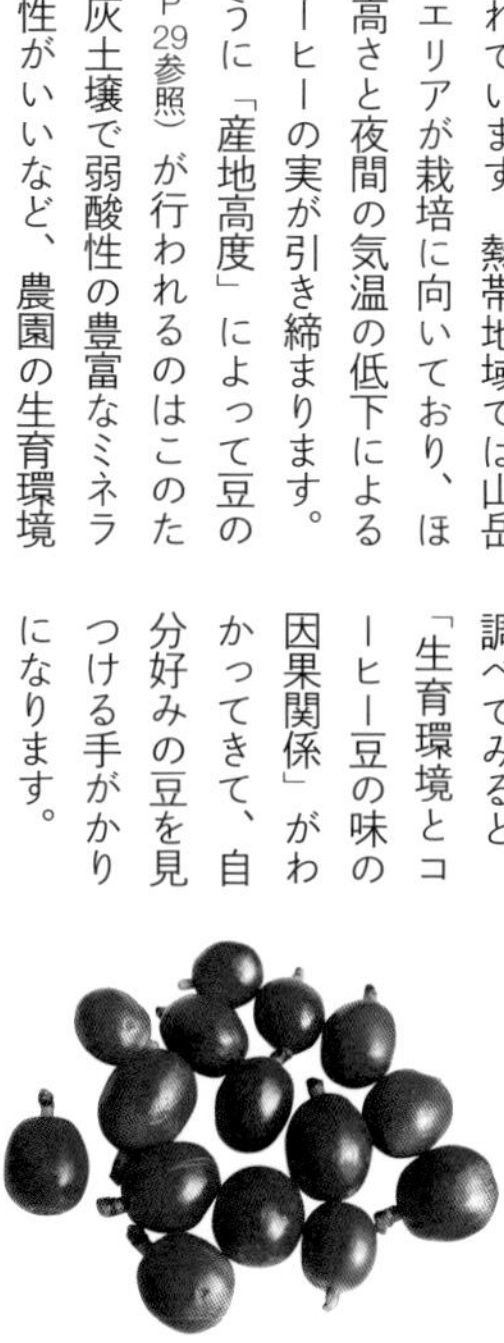
収穫されたコーヒーチェリー。

味の決定条件 1・3

ウォッシュド、セミウォッシュドはきれいな風味になる

収穫されたコーヒーチェリーの果肉をとり除き、パーチメント（生豆の内果皮）が付いた状態にすることをウェットミルといい、精製の前半工程に当たります。その中でも、天日で干す（ナチュラル）、果肉をとってから天日で干す（パルプドナチュラル）、水槽で果肉を除去してから乾燥させる（セミウォッシュド、ウォッシュド）などの方法に分かれ、この精製方法の違いによって味わいが変わってきます。一般的にはウォッシュドのほうがきれいな風味になるといわれていますが、もちろんナチュラル系の味が好きなかたもいるので、自分の好みの豆を見つけたら、どの方法でウェットミルされたかを調べてみてください。

果皮をむいたところ。

生豆にパーチメント（内果皮）が付いた状態。

生産・作業工程

ドライミル

寝かせる
（青臭い香味を安定させる）

脱穀

選別

出荷

輸出入
（日本側から見ると輸入）

コーヒー豆の状態

生豆

味の決定条件｜1・4

選別によって豆は格付けされる

パーチメントをとって生豆にしてから袋詰めをして出荷するまでの工程をドライミルと呼びます。皮をむいた豆は青臭いのでしばらく寝かせ、脱穀してから「選別」しますが、その際にセンサーを当てて黒い豆をとり除く（電子選別）、虫食い豆や混入した石などの異物を手でとり除く（ハンドピック）、豆の大きさごとに分ける（スクリーン選別）など、多くの選別方法があり、生産地や国によって異なります。スペシャルティコーヒーを生産している農園など情報が公開されている一部を除いては、ブラックボックスになっている部分も多く、私たちがわかることは多くありません。その中で、生産国が付けている豆の格付けとランク付け（P25、29参照）は重要な手がかりになります。頭に入れておきましょう。

脱穀されると黄みがかった生豆が現れる。

味の決定条件｜1・5

パッキングの方法で生豆の状態が変わる

「麻袋に入った焙煎豆」の写真はきれいな絵柄になるため、本書も含めたくさんのコーヒー本で見かけますが、実際はコーヒー生産国から輸入される「麻袋」の中身は「生豆」の状態です。生豆も一般的には鮮度が大事（例外的にオールドクロップと呼ばれる収穫後数年たった豆が好まれる場合もある）で、温度変化や光、熱の影響を受けてしまうため、最近では麻袋ではなく真空の「バキュームパック」で鮮度を保ったり、環境変化に強い「グレインプロ」と呼ばれるビニール素材で運ばれるケースが増えてきました。インターネットなどでこういう情報を見かけたら、「その豆の生産者（もしくは商社）は品質管理に気をつかっている。そういう豆はおいしいかも」と評価を上げていいかもしれません。

焙煎

・直火焙煎
・遠赤外線焙煎
・マイクロ波焙煎
・過熱水蒸気焙煎
・熱風焙煎　など

保管

焙煎豆

味の決定条件 1・6

焙煎手段より、ロースト度による味の違いを把握する

生豆を煎ると、香ばしさが出ます。生豆に多い「渋み」を持つクロロゲン酸などが減り、「苦み」を持つ成分が生み出されて、私たちが飲むコーヒーの味になるのです。自宅でフライパンを使って煎ることもできますが、専門の焙煎業者のレベルにまで達するにはかなりの知識と技術が必要なので、本書では自家焙煎については触れていません。専門業者は直火、遠赤外線焙煎、マイクロ波焙煎など、それぞれ独特の技術で生豆の持つ特徴を引き出しています。この分野は専門家にまかせて、覚えておきたいのは、浅煎り、深煎りなどの「焙煎の度合い＝ロースト」のほう。浅く煎った豆と深煎りの豆では味わいが大きく変わるため、自分好みの豆はどういう焙煎度（P30～32参照）か、その焙煎度合いに適した抽出器具は何かを知ることが、自宅のコーヒーをおいしくする条件です。

深めにローストされた状態。この「焙煎度」が味を決めるひとつの鍵になる。

味の決定条件 1・7

隠れた理由「フレッシュさ」は、なにより大切な条件

いったん焙煎してしまうと豆はどんどん香味の劣化や成分の酸化が進みます。焙煎2日後と2カ月後の常温で放置した同じ豆を飲み比べると、どんな人でもわかるほどに味の差が出ます。保管状態の悪い2カ月後の豆は、よくいわれる泥水のような味になることさえあります。この変質は、豆の質に関係なく平等に起こります。焙煎後1週間以内で飲み、飲みきれない分は冷蔵庫に入れるなど、保管に気をつかう（P40～41参照）ことが大事。せっかく本書の6章に掲載したような高品質の豆を購入しても、スーパーで買ってきてすぐに淹れたリーズナブルな真空パックの豆に負けてしまうなんてことも。

味の決定条件｜2

抽出テクニックが大きく影響する

後半はコーヒー豆を購入して自宅で挽き、淹れるまでを追っていきます。特に初心者の場合は「正しく抽出できるかどうか」でぐんと味が変わります。誤解していたり、やってしまいがちな間違いも紹介します。

ペーパードリップの場合

生産・作業工程

豆を買う → 豆を挽く

正しい抽出でおいしいコーヒーを

豆選びや焙煎度も大切ですが、正しい抽出を行っているかどうかもコーヒーの味に大きく影響します。豆の購入から挽き方、お湯の注ぎ方、カップの選び方まで、特に初心者が陥りやすい間違いとともに各工程のポイントを確認しましょう。

この章では、コーヒーの木が一杯のコーヒーになるまで全部で15の「コーヒーの味が変わる条件」を紹介しています。ただし、これらは味を決める代表的な条件にすぎません。本書を読めば、コーヒーの味がもっとさまざまな要因で決まっていくことがわかるでしょう。そんな奥深いコーヒーの世界にのめり込んでみるのも楽しいものです。

味の決定条件｜2・1

やっぱり「フレッシュ」な豆を手に入れることが大切

コーヒー豆について勉強すると、銘柄で味のイメージがわくようになってきます。でも、そこで安心してはいけません。焙煎された豆は鮮度が命。私たちが購入する豆すべてが「焙煎したて」とは限りません。古い豆を買ってしまうなどの失敗もあると思いますが、めげずに試行錯誤しながら、フレッシュな豆を販売しているショップを見つけてください。

味の決定条件｜2・2

使う器具に合わせた粒度で挽く

豆を細かく挽いて粒状にし（グラインド）、お湯を浸透しやすくすることで、初めてコーヒー液が抽出されます。この挽き具合は、大きめの粒（粗挽き）から、エスプレッソに使

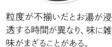

粒度が不揃いだとお湯が浸透する時間が異なり、味に雑味がまざることがある。

豆を器具にセットする

ちゃんと折れますか？
正しい方法はP56に。

お湯を注ぐ

注ぐお湯が細すぎると泡がたってペチャペチャ音がする。音が鳴りやむ太さがベスト。

うようなとても細かい粒（極細挽き）まで、一般的に5段階に分けて考えます。粒度が違うと、お湯が浸透して粉から成分が浸出されるタイミングが違うため、抽出される味に変化が出ます。挽き分けるのは、「使う抽出器具」によって、適した粒度が違うから（P36～37参照）。自分が使う器具に合った粒度を確認してから、適した粒度で挽きましょう。また、挽く道具（ミル）によっては、挽けない粒度があったり、うまく均一に挽けないこともあります（P38～39参照）。道具の個性を理解して挽きましょう。

味の決定条件 2・3

細かい作業にこだわって味をよくする

ここからは一番ポピュラーなペーパードリップ式を例に説明します。使用する器具の構成は「ドリッパー、コーヒーサーバー、ペーパーフィルター」とシンプルですが、だからこそ上手に淹れるのが難しいともいえます。例えば「フィルターの折り方」というひとつの小さな作業でも、折り方が間違っていると豆本来の味がきちんと抽出されないという具合です。抽出するときにお湯の温度が下がらないよう、あらかじめ使う器具をあたためておく、といった細かい気づかいも味をよくする秘訣です。

味の決定条件 2・4

お湯の注ぎ方ひとつで味が変わる

注湯（または投湯）はパフォーマンスではありません。粉にお湯を注ぐときは「やさしく」が原則。たたきつけるように注いでは、粉がふくらまずまわりに飛び散って、なによりお湯が粉に浸透せず、粉はおいしい成分を出してくれません。コーヒーポットなどの専用器具を使い（P47参照）、粉にゆっくり回しかけるのが基本です（P59～60参照）。

味の決定条件｜2・5

蒸らしは味の方向性を決める大事な作業

いきなり粉にお湯をどんどん注いで抽出してしまう人を見かけます。また、少量しかお湯を注がないで、粉に浸透しないまま蒸らしを終えてしまう人もいます。最初にお湯を注ぐ「蒸らし」は、コーヒーの味の方向性が決まる大事な作業。よく蒸らして、10～50秒待ってから注ぎましょう（P59参照）。

これくらいでやめてしまう人がいますが、蒸らしが不十分。お湯を粉全体に行き渡らせるように蒸らしましょう。

味の決定条件｜2・6

中心から渦を描くように注がないとおいしく抽出されない

お湯を周辺部の粉にもかけようと、フィルターごとお湯に浸してしまう人もいます。フィルター近辺に注がれたお湯は、粉にうまく浸透せず、ただドリッパーの周囲を対流してサーバーに落ちてしまいます。正しくは、「中心部から渦を描くように、フィルターにお湯がかからないよう抽出する」です（P60参照）。

周辺部にお湯を注ぐ必要はありません。中心から七分目くらいまでに渦を描くように注げば、周辺の粉にもお湯が浸透します。

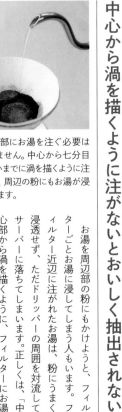

ドリッパーをはずす

カップに注ぐ

縁が広がっていないカップはコクのある苦みのある香味をキャッチしやすい。

好みで砂糖・クリームを

これが濃いコーヒーに負けない動物性のクリーム。

自宅でおいしいコーヒーを飲む！

味の決定条件 2・7

カップの特徴で、感じやすい味が変わる

意外に知られていないのが「カップの形状」と味の関係。人間の舌は場所によって感じる味が違います。縁が広がっているカップは、酸味をとらえやすく、広がっていないカップは、苦みをとらえやすくなります。淹れたコーヒーの特徴に合わせたカップ選びを（P101参照）。また、冷ましてからチビチビと飲む方もいますが、コーヒーの香りが空気中に揮発してしまうまで3分といわれています。ワインと違ってコーヒーは空気に触れることでまろやかになることはなく、逆に酸化が始まってしまいます。お好みもあるかと思いますが、あたたかいうちに飲みきったほうがおいしいです。

味の決定条件 2・8

クリームの種類を間違えると台なしに

「コーヒーはブラックに決めている」という人もいると思いますが、淹れたコーヒーの特徴や、1日に飲む回数、その日の体調など、状況に合わせて砂糖やクリームを使うこともおすすめしたいです。その際に使うクリームはいつもポーションタイプ、なんてことはありませんか？　このタイプは脂肪分が植物性なので、濃いめのコーヒーには相性がよくありません。濃いコーヒーに合うのは動物性乳脂肪のクリーム。そういったことも知っておかないと、最後の最後でせっかくの香味を損ねてしまうこともあります（P98〜99参照）。

2章

豆を選んで挽く

おいしいコーヒーを飲もう、
そう思ったときに真っ先にすることは
器具に「コーヒー粉をセット」すること。
この章では、もう少し手前の「豆を選ぶ」ところからご案内。
どんな豆を選ぶとおいしいコーヒーの条件が整うのか、
そしてどんなふうに挽くとベストか。
保管に気をつかうのも、風味よく飲む大切なポイントです。

豆の選び方

自宅でおいしいコーヒーを飲もうと思ったとき、まず迷うのがどんな豆を購入すればいいかでしょう。豆選びの基礎知識としてブランドと格付け、そして焙煎度を覚えておきましょう。

豆の選び方―1

豆のブランドを知る

コーヒー豆の銘柄は実に豊富。初めて買うときはどれを選んだらいいか迷ってしまって当たり前です。よく理解するには、名前の由来や付加された情報の意味、格付けについて知ることが大切です。わかってしまえば、豆選びは意外と簡単。

コーヒー豆はプロフィールが大切

日本のコーヒー豆の輸入量は世界3位。あらゆるコーヒー生産国から、日本の大手輸入商社や生豆専門の商社、コーヒーメーカーなどに生豆が届けられます。これらは自前で焙煎できるコーヒーメーカーを除いて、大半は焙煎業者（ロースター）によって焙煎され、小売りまでの流通経路にのります。一方、一部の豆は生豆問屋を通じてコーヒー豆専門店に卸され、「自家焙煎」などの方法で売られています。

日本では、大手のコーヒーメーカーや大手焙煎業者が大量に購入した豆をブレンドした商品が消費の多くを担っており、一定のレベルの品質が安定的に供給されていることが消費者の支持を得ています。求めやすい価格帯であることもその理由です。ただし、こうした商品はあくまで「一定のレベル」であるがゆえに、ある程度お金を払ってもいいから「自宅で最高の一杯を飲みたい」という消費者には向いていません。味にこだわりたいかたは、次ページのパターンEやFのような「豆のプロフィールがわかる」ものを購入されることをおすすめします。

ワインにたとえると、「生産者」を表す「シャトー」に詳しくなると、ワインの個性の差がよりわかるようになり、味覚が鍛えられるのと同じです。コーヒーもプロフィールを知って飲むことによってより豆の理解が深まり、楽しみ方が増えていくことでしょう。

コーヒー豆のブランドのパターン

現在、日本で主に出回っているコーヒー豆のブランドは大きく6つのパターンに分けられます。

パターン—A

生産国・銘柄などの表示がない

- 贅沢なコーヒー○○
- ○○炭焼きコーヒー
- ○○マイクロ波焙煎
- ○○遠赤外線焙煎

パッケージに大きく右記のような表示がされているものは、「豆のイメージ」や「どんな焙煎方法か」を表示しているだけ。豆そのものの質は高くないケースが多く、味に特徴が出るようにブレンドしたり、焙煎に力を入れて商品化したものが多い。

パターン—B

ブレンド名が表示されている

- マイルドブレンド
- キリマンジャロブレンド
- モカブレンド
- マンデリンブレンド

マイルド、スペシャルといった表示は質の高い豆という意味ではない。キリマンジャロ、マンデリンなどの名前がある場合は、その豆を30％以上含有していることが義務づけられている。ただし、ほかの70％未満は何を使ってもいいので信頼しづらい面がある。

スーパー、スタンドコーヒー店で多く見かける

パターン—C

国名（民族名・出港地）が表示されている

- ブラジル、コロンビア、タンザニア、ハイチ（国名）
- モカ（出港地）
- マンデリン（民族名）

その国で生産された豆です、という情報以外、何も記載されていない場合は、格付けされていないか、格付けレベルが高くない豆。大量に作られるコマーシャルな豆でワインにたとえるならテーブルワイン。

パターン—D

地域名（広域）が表示されている

- ハワイ・コナ（島）
- キリマンジャロ（山岳エリア）
- エメラルドマウンテン（山岳エリア）
- トラジャ（インドネシアの地域）

世界にはコーヒーの生産条件に恵まれた地域がたくさんあり、典型的なのが右記のようなエリア。この産地で収穫された豆は本物ならハズレは少ない。ただし、実際の輸入量を大幅に上回る量が日本の市場に供給されているブランドもあり、注意が必要。

百貨店テナント、ビーンズショップで多く見かける

パターン E

国名・広域エリアと格付けが表示されている

・グアテマラ SHB
・コロンビア スプレモ
・タンザニア AA
・マンデリン G1

グアテマラのSHBなら標高1350m以上で収穫されたことをさし、コロンビアのスプレモやタンザニアのAAは豆のサイズが6・75㎜以上であることを示すなど、生産国がそれぞれ独自の規格で豆の格付けをしている。統一基準がないのが残念。格付け（グレード）の高いものはおいしい。

パターン F

国名と地区名（狭い）・農園名・生産者が表示されている

・ニカラグア
・ハイメ・モリナ（生産者）
・パナマ マウニエール（農園）
・ケニア テカング
（テカング地区の農協）

農園や生産者がブランドになっているのは、ワインでいうなら「シャトー○○」と明示された上級ワイン。生産地までたどれるこうした豆は「スペシャルティ」と呼ばれる最高級品質が多く、かなりアタリの確率が高い。品質向上に努力する農園はブランドとして認知されていく（P26～29参照）。

インターネットショップやマニアなコーヒー専門店で見かける

パターン E

格付けとは？

生産サイドが「豆の大きさ」「穫れた高度」「不良豆の含有度」などを基準にランクを付けたもの。味とイコールではありません。

出荷前にスクリーン選別器で粒の大きさを選り分けたり重量を量って選別したり、黒い豆や割れ豆などの欠点豆をとり除いたりします。そうして生産国で定められた基準に従い、品質の高いものとそれ以外を区別します。

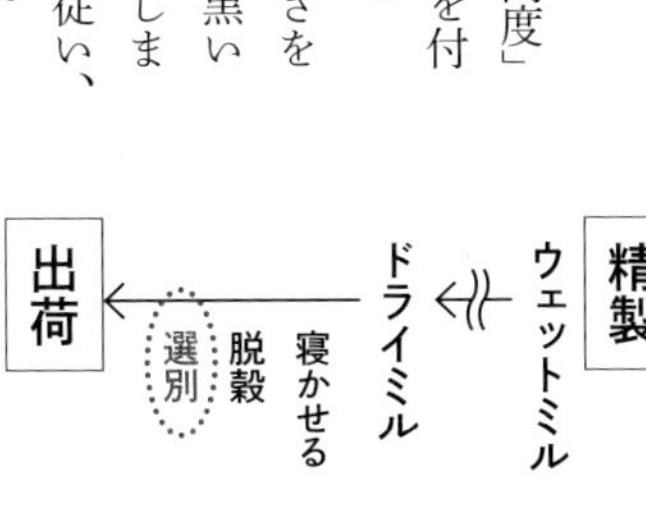

※P13～14「生産工程表」の一部

ビーンズショップのポップやネットで売られているコピーの中に、「コロンビアの最高クラスの豆、スプレモ」とか「コスタリカの最高クラス、SHBを獲得した豆」などの表現がよく見受けられます。この「スプレモ」とか「SHB」というのは、生産国で付けられたランクのことで、自国の高品質の豆を、右ページのパターンDのような一般的な豆と差別化して高値で販売するためにブランド化したもの。このランク付けは生産国によって基準が異なり、例えば中米では「産地高度」（標高の高い生産地で収穫された豆は寒暖差が大きいため生育がいい）、コロンビアやタンザニア、ケニアでは「スクリーンサイズ」（粒の大きさ・大きいほうがよい）、ブラジルはもう少し詳しく、「スクリーンサイズ＋欠点数（異物の混入率・低いほどよい）」を表示してブランド化しています（P25、29参照）。

産地高度やサイズといった豆のプロフィールがわかることは、購入側にはメリットがあり、品質が高いのは確かなのですが、難をいうと「外観」や「環境」に基づいた評価のため、特徴的な香りや味わいがわかりにくい、ということです。そこで次ページに紹介する「スペシャルティ」といった「飲み手側」の基準が登場してきました。

豆の選び方―2

豆の付加価値を知る

安くてもある程度のおいしさを出す豆もありますが、一般的においしい豆は値段が高いのがふつうです。これは、消費者側がおいしさを格付けする傾向が強まり、豆のブランド化が進んでいるから。どのようにブランドの付加価値がついていくのか、仕組みを知っておきましょう。

「スペシャルティコーヒー」「カップ・オブ・エクセレンス」に注目！

「もっとわかりやすく飲み手の立場に立った格付けを」という欲求が高まったのは、やはりコーヒー消費量世界No.1のアメリカ。1982年に設立されたアメリカスペシャルティコーヒー協会を中心として、飲み手側から「味わい＝香味」を重視した基準を設ける動きが起こり、ワインでいうテイスティングに当たる「カッピング」で80点以上の評価を得たものを、「スペシャルティコーヒー」として格付けすることになりました。

こうした飲み手による格付けの動きは21世紀になって加速し、1999年から年に一度「カップ・オブ・エクセレンス」という国際審査会が開かれ、スペシャルティコーヒー（しか出品できない）をさらに順位付けする試みが始まりました。審査では、アロマやフレーバー、酸味やコク、あと味など細かい項目にわたって採点がなされており、日本人の国際審査員も参加しています。新しい試みとして、上位に入賞した豆は、インターネットオークションで落札され、

「スペシャルティコーヒー」「カップ・オブ・エクセレンス」の評価では、生産者・農園の品質向上に向けた努力・成果も重視されつつある。

写真右／近年は消費者が豆のプロフィールを正確にたどれるようになってきた。

高い評価を得る豆にも個性があるため、実際に飲み比べて自分好みの豆を見つけてみて。

コーヒー豆の品質をピラミッドで表したイメージ図

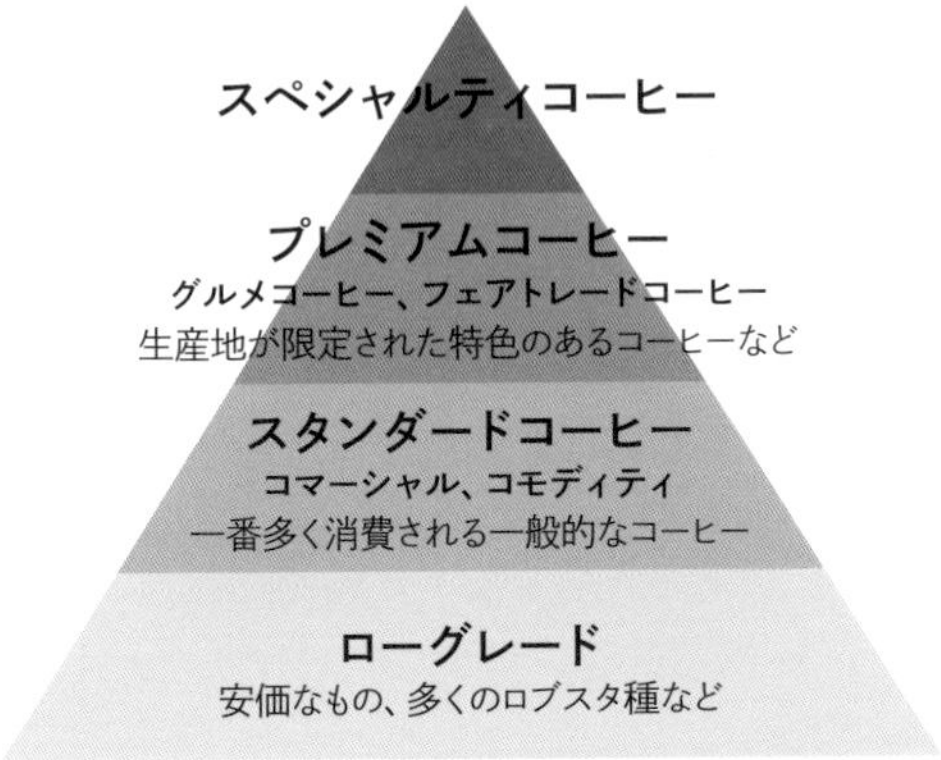

コーヒー豆の品質を表すいろいろな名称を整理してまとめたもの。実際にはこれほど単純ではなく、輸送方式や保管期間、焙煎技術などによって豆の品質は変化する。イメージ的な理解として、参考までに。

大手コーヒー会社の寡占状態に対抗して、公平性が担保されるなど、この審査会は高い評価を得ています。

　これら2つの格付けの試みでは、「生産者・農園の品質向上の努力の成果や地域の特徴が表れている豆」が高く評価される傾向があり、評価された生産者や農園の名前は有名になってブランド豆として流通します。農園・生産者名が表示される豆が増えてきたのはこうした理由。消費者側も豆のプロフィールを正確にたどれるようになり、コーヒー豆はようやく客観的に評価されるようになってきました。

　高い評価を得た豆にも個性があり、必ずしも自分の好みに合うとは限りませんが、自宅で最高の一杯を楽しみたい人は、「生産国の格付け」より、「スペシャルティコーヒーの認定豆やカップ・オブ・エクセレンスの上位入賞豆」を重視して選ぶことをおすすめします。

スペシャルティコーヒーの「カップ」の判定・評価の概要

カップ・クォリティのきれいさ	きれいさとは「汚れ」または「風味の欠点・瑕疵《かし》」が全くないこと。コーヒーの栽培地特性がはっきりと表現されるために必須な透明性があること
甘さ	収穫されたコーヒーチェリーの熟度がよく、かつどれほど均一であったかに関係する甘さの感覚。焙煎されたコーヒーに含まれる糖分の量は絶対的なものではなく、甘さの印象度を創造する他の成分・要素との結合にも依存する
酸味の特徴評価	明るい爽やかな、あるいは繊細な酸味がどれほどであるかが評価対象。良質の酸味は、コーヒーに生き生きとした印象を与える。酸味の量ではなく質を評価する
口に含んだ質感	コーヒーにより伝えられる触覚。口に含んだ質感には、粘り気、密度、濃さ、重さ、舌触りのなめらかさ、収れん性感触などが含まれる
風味特性・風味のプロフィール	スペシャルティコーヒーと一般のコーヒーを区別する最も重要な項目。味覚と嗅覚の組み合わせ。栽培地の地域特性が純正に表現できているかを明確に評価する、など
後味の印象度	コーヒーを飲み込んだあとで持続する風味。「口に残るコーヒー感」が、甘さの感覚で消えていくのか、あるいは、刺激的なイヤな感覚がにじみ出てくるのかを判定する
バランス	コーヒーの風味の調和がとれているのか？　何か突出するものはないか？　何か欠けているものはないか？　を判定する

「日本スペシャルティコーヒー協会」HPの掲載文を一部抜粋、まとめたもの。前提条件として「生産国においての栽培管理、収穫、生産処理、選別そして品質管理が適正になされており」「適切な輸送と保管により、劣化のない状態で焙煎されて、欠点豆の混入が見られない焙煎豆であり」「適切な抽出がなされ、カップに生産地の特徴的な素晴らしい風味特性が表現されること」などが掲載されている。
http://www.scaj.org/about/specialty-coffee

生産国によるランク付けの見方

ブラジルのランク付け

ブラジルコーヒーでは、欠点数に独自のスクリーンサイズによる分類をプラスした評価基準で等級を決める。

商品例

サントス No.2 19

サンプル300gあたりに発見される「石や木片」の大きなものが1個で5点、小さい石や木片、発酵豆などを1個で1点として計算。

欠点数		スクリーンサイズ（粒の大きさ）
4点以下	No. 2	S20（8㎜）
8点以下	No. 3	S19（7.5㎜）
26点以下	No. 4	S18（7㎜）
36点以下	No. 5	S17（6.75㎜）
46点以下	No. 6	S16（6.5㎜）

中米諸国のランク付け

標高が高いほど品質が高いとされ、中米ではこの基準によるランクが一般的。

商品例

グアテマラ SHB

		コスタリカ	グアテマラ	メキシコ
標高	非常に高い	SHB（1200～1700m）	SHB（1350m以上）	アルトゥーラ（1300m以上）
	高い	HB（800～1200m）	HB（1200～1350m）	プリマラバド（900～1300m）

コロンビア、タンザニア、ケニアのランク付け

この3カ国はスクリーンサイズのみの基準。

商品例

ケニア AB

		コロンビア	タンザニア	ケニア
サイズ	非常に大きい	スプレモ（6.75㎜以上）	AA（7.14㎜以上）	AA（7.14㎜以上）
	大きい	エクセルソ（5.5～6.6㎜）	AB（6.0～6.75㎜）	AB（6.0～6.75㎜）

焙煎度を知って選ぶ

豆を選んで購入する際は、豆の質以外に「焙煎度」をよく知っておくことが大切です。それは実際にコーヒーを入れて飲む際に、どんな器具を使って淹れたいか、そしてどんな風味で飲みたいか、に直接かかわるから。器具と好みに合わせた焙煎度合いのコーヒー豆を選ぶことが大切です。

コーヒー豆の焙煎度の違い

浅煎り

Light Roast

ライトロースト

黄みがかった小麦色の極浅煎りタイプ。コーヒー特有のコクや苦み、香りがないため、一般にはほとんど飲むことはない。

Cinnamon Roast

シナモンロースト

シナモン色の浅煎りタイプ。砂糖や牛乳を入れないブラックコーヒーに向いている。高品質の豆ほど、キレのある酸味が味わえる。

中煎り

Medium Roast

ミディアムロースト

茶褐色の中煎りタイプ。酸味に加え、コーヒーらしい適度な苦みも味わえる、アメリカンコーヒーに一番適したロースト。

カフェイン
多い

味わい
酸味

焙煎度で違ってくる「味わい」は時間がたつと劣化するので注意

コーヒーの生豆はそのままでは生々しい苦みがあり、飲むことはできません。煎って、加熱することによって、あの独特の色や風味が生まれます。煎り具合によって、その豆の持つ味の特徴を強調したり、バランスのいい風味を出すように仕上げますが、この煎り方の指標を「焙煎度合い」といいます。加熱温度や時

深煎り

High Roast

ハイロースト

やや濃い茶褐色の中深煎りタイプ。バランスがとれたマイルドなコーヒーになり、喫茶店で使用されていることの多いロースト。

City Roast

シティーロースト

深褐色の深煎りタイプ。喫茶店や家庭用として最も需要の多いロースト。シティーとはニューヨークシティーを意味する。

Full City Roast

フルシティーロースト

やや黒色の極深煎りタイプ。アイスコーヒーにも適している人気の高いロースト。炭火焼きコーヒーもこの程度の焙煎度になる。

French Roast

フレンチロースト

黒色に近いフランス風タイプ。苦みの強い濃いコーヒーになるため、カフェ・オ・レのような牛乳を使ったアレンジコーヒーによく合う。

Italian Roast

イタリアンロースト

かなり黒色に近いイタリア風タイプ。日本ではエスプレッソ用として人気がある。コーヒーの苦みを楽しめるロースト。

少ない

苦み

間を抑えた煎り具合のものを「浅い」と表現し、長く煎ったものは「深い」となります。

抽出時に出る味の違いとしては、一般的に、浅煎りタイプは酸味が強くて独特の香りがあります。クリームや砂糖の強い味に負けてしまうので、ブラックコーヒーに向いています。クリームを使う場合は、植物性のやわらかいものを。喫茶店のメニューにある「アメリカンタイプ」は、浅煎りから中煎りの豆を使うことが多いようです。

反対に、煎りが深いものは、酸味が薄らいで苦みが強くなり、加えて、芳香といわれる香ばしさがまさってきます。こちらはクリームや砂糖を入れても味負けしません。

焙煎の度合いは細分化すると8段階に分かれます（上記）。ただし、メーカーによっては7段階に分類しているところもあるようです。上手に焙煎されたコーヒー豆は、大きくふくらんで表面にシワがなく、光沢があって色が均一です。これは、いい焙煎豆かどうかを見分ける大きなポイントになります。

　使う器具や好みの飲み方、豆の種類によって、適した焙煎度は違いますから、3章で紹介している器具や抽出方法の違いに書かれている「適した焙煎度」や、6章の豆のカタログ欄に記載してある「適した焙煎度」を参考に購入すると、好みの味に近づいてくるでしょう

　一度焙煎された豆は日にちがたつと劣化するため、2週間以内で飲みきることがひとつの目安になります。

　鮮度が落ちた豆を使って注湯してみると、蒸らしたときにできるはずの「きめ細かいドーム状の盛り上がり」が見られず、お湯がコーヒー粉の成分を十分浸出させていないことがわかります。

　豆を購入するときは、毎日1〜2杯ほど飲む人で200g程度が1回に買う量の目安。飲みきってから購入する習慣をつけましょう。

焙煎に関する知識、味わいを判断する味覚が身についたら、自宅での焙煎にもトライしてみて。

ワンポイントチェック

　よくある誤解は、「浅い焙煎のコーヒーのほうがカフェインが少ない」というもの。実はこれは真逆。浅煎りの豆で淹れたアメリカンコーヒーはカフェインの含有量が比較的多く、深い焙煎の豆を使って淹れたエスプレッソはカフェインは少ないのです。その理由は、浅煎りのほうが煎りによる豆本来の成分変化が少ないため。「煎りが浅いほどカフェインは多く残る」と覚えておくとよいでしょう。

　深く煎ると苦みが強くなるのは、加熱が長いと豆の中心部からも成分が溶け出しやすくなり、中心部に多く含まれている苦み成分が溶けやすくなるため。焦げて苦くなるわけではありません。

column

おいしさ急上昇のデカフェ

日に日に注目が高まるカフェインレスコーヒー。現在ではスーパーやコンビニでも入手できるようになった。

近年、デカフェという言葉を見聞きする機会が増えました。デカフェとは、カフェインを最小限にまで抑えたコーヒーのことで、カフェインレスコーヒーとも呼ばれます。日本で需要が高まってきたのはここ数年ですが、欧米ではコーヒー市場のおよそ30%を占めるほどの人気となっています。

カフェインの大きな特徴は、脳を興奮、覚醒させる作用があると考えられている点です。そのため、寝起きに摂取すると目が覚める、仕事時に飲むと集中力を維持できるという研究結果もあります。一方で、カフェインは体内での半減期が3〜4時間であるため、就寝前に摂取すると眠りが浅くなるという人や、そもそもカフェインが体質に合わないという人もいるようです。

こうした人たちのニーズから作られたカフェインレスコーヒーですが、近年の人気の理由はおいしさが格段に向上したこと。製法が改善され、現在では通常のコーヒーと遜色のない味わいが楽しめるようになりました。カフェインが気になる人、就寝前にコーヒーを飲みたい人などは、ぜひ利用してみてください。

健康志向の高まりもカフェインレスコーヒー人気の理由のひとつ。特に女性から支持を得ている。

豆を挽く、保管する

豆の挽き具合は、自分が抽出したい味と、使用する抽出器具を考慮して決める必要があります。また、挽いた粉は空気に触れると劣化するため、保管方法も重要です。

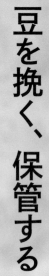

豆の「挽き具合」を知る

コーヒーを淹れるためには、コーヒー豆を挽いて粉状にしなければなりません。粉の状態で売っている商品や、購入時に豆を挽いてくれる店も多いのですが、粉状になったコーヒー粉は、空気に触れる面積が大きく、豆の状態より早く劣化が進むため、できれば飲むたびに挽きたいものです。

細挽きは成分が早く溶け出し、粗挽きは時間がかかる

当たり前ですが、買ってきた豆をそのままドリッパーに入れてお湯を注いでも、コーヒーは飲めません。とても薄いブラウンのお湯ができるだけです。

コーヒーの濃い液体を作るには、豆を細かく粉状にし、お湯が浸出させる面積を増やして、成分を抽出することが必要になります。

そのために豆を挽く作業をグラインドといい、コーヒー豆を挽く器具をミルといいます。

コーヒー豆の挽き具合は、挽いた粒の大きさ（粒度）によって分類され、この粒のサイズのことをメッシュといいます。基本的には細挽き、中挽き、粗挽きの3段階ですが、最近では、極細挽きや、中挽きと粗挽きの間に位置する中粗挽きなど、5段階の分類が一般的になってきました。

粉を細かく挽けば挽くほど、豆の成分が早く溶け出しやすくなりますが、細かいためにろ過スピードは遅くなります。

こうして「挽き分ける」のは、抽出する器具が持っている特徴に合わせて、豆のおいしさを引き出しやすくするため。例えば、エスプレッソマシンは、20〜30秒ででき上がる最も抽出時間が短い器具ですが、粗挽きの粉を使って淹れると豆の成分が溶けにくいため、十分な濃度が得られません。極細挽きの粉を使って、成分を早く溶けやすくし、細かいために落ちてしまうろ過スピードを補うためにも高い気圧をかけて一気に抽出するのです。

使う器具と挽き具合はこのような切り離せない関係にあります。使う器具に適さない挽き方の粉で淹れる

と極端に味が落ちてしまうので注意が必要です。

自分が持っている器具を使った場合、どの挽き方がベストか、あるいはどの範囲まで許容できるかをよく知っておきましょう。左記やＰ48〜49の一覧を参考に挽き方を選んでみてください。

また、挽いたコーヒー粉をそのまま常温の室内に放置してしまうと、すぐに粉が湿気を吸って、酸化が進み、抽出したコーヒーの風味が悪くなってしまいます。

淹れる直前に必要な分だけ挽く習慣を持ちましょう。使いきれなかった分の保管方法はＰ40〜41を参考にしてください。

コーヒー豆の粒度と適した抽出器具

挽き具合		適した抽出器具	
極細挽き ほぼパウダー状といえるほど細かい粒。この大きさにするには専用のミル（エスプレッソミル）が必要。本文（Ｐ35参照）にあるような理由でエスプレッソを抽出するのに最適な粒度。		 マキネッタ	 エスプレッソマシン
細挽き 粒は細かく、グラニュー糖くらいの大きさ。成分の溶け出しが早めなので、ペーパードリップ（メリタ式）やサイフォンで、豆の成分をできるだけ抽出して濃厚な味わいのコーヒーを淹れて楽しみたいときに適している。		 ペーパードリップ	 サイフォン

中挽き

ざらめ糖とグラニュー糖の中間くらいの大きさをした、最も一般的な粒度。ドリップ式の器具に合いやすく、粉を湯にじっくりと浸しながら抽出するネルドリップは、この粒度が一番適している。

ペーパードリップ

ネルドリップ

サイフォン

中粗挽き

ざらめ糖よりも少し小さいくらい。お湯に溶けにくい苦み成分が抑えられるため、高温（成分の溶け出しが早く苦みが出やすい）で抽出する場合や、高温でしか抽出しない器具は、この粒度でバランスをとるとよい。

ペーパードリップ

ネルドリップ

コーヒーメーカー

粗挽き

粒は粗く、ざらめ糖くらいの大きさ。中粗挽きと同じで、さらに苦み成分の抽出を抑えられるため、パーコレーターのような直接火にかけて沸点近くで抽出する器具に適している。

パーコレーター

ネルドリップ

コーヒーメーカー

自分に合った器具で挽く

粒度と器具の関係がわかったら、次は実際に豆を挽いてみます。挽く道具は「ミル」と呼びますが、手廻し式と電動式の2種類があり、電動式はカッターの形状でさらに2つに大別できます。それぞれのメリット、デメリットを知り、自分に合った器具を選びましょう。

ミル選びは使う頻度や自分の性格を考えて

意外にもコーヒーの味に大きく影響するのが、コーヒーミル。挽く道具や挽き方を間違うと、粒の粗さにバラつきが出るからです。不揃いの粒に注湯すると、成分の抽出にバラつきが生じます。そのため狙った香味が抽出しにくく雑味がまざることがあります。

コニカルカッターと呼ばれる円錐状のすりつぶすタイプの歯で挽くと粒のバラつきは抑えやすいため、このカッターを使っている「手廻しミル」(一部電動もある)が理想ですが、意外に労力がかかるため、飽きやすい方には向いていません。毎日飲むかたは、むしろ電動式のリーズナブルなタイプでいいので「飲む分だけ毎回挽く」という習慣をつけたほうが、フレッシュなコーヒーを味わえるためベターです。

同じミルで一度に挽いたコーヒーの粉。一見、粒が揃っているように見えても、仕分けするとこのように粒度が不揃いの場合も多い。

コーヒーミルの種類と特徴

手廻しミル

コニカルカッター

ハンドルの根元にあるネジを調整することで、粒度を変えることができる。慣れないとわかりにくい。電動式に比べて、挽く時間がかかり、体力もいる。うまくなると「電動式より均一に挽けて、挽くときに熱も生じない」とコーヒー通の間では根強い人気がある。おいしく挽くコツは、できるだけ早く、一定の速度で回すこと。粒度のムラを抑えることができる。

2000円〜1万円くらい

電動ミル

コンパクトタイプ

ブレードグラインダー

電動式なのに実勢価格は手廻しタイプと同じか、下回るくらい。手入れがしやすく場所をとらないのもメリット。半面、カッターがプロペラ式に平行に回るだけなので、挽きムラができやすく、メッシュの質では一番劣る。そのため、マシンによっては、一度回転を止め、よく振ってから再度挽くなどの工夫をするユーザーもいる。

2000円台〜1万円以内

業務用・家庭用タイプ

フラットカッター

平面状の歯を向かい合わせて、片方だけ回すフラットカッターを使用しているため、コンパクトタイプより挽きムラが少ないが、製品によってバラつきもある。業務用として普及しているが、家庭用でも手が届く価格のものもあり、一杯の質にこだわるなら絶対これ。このほか、かなり高価だが手廻しミルと同じカッターの電動式もある。

1万円台中盤〜

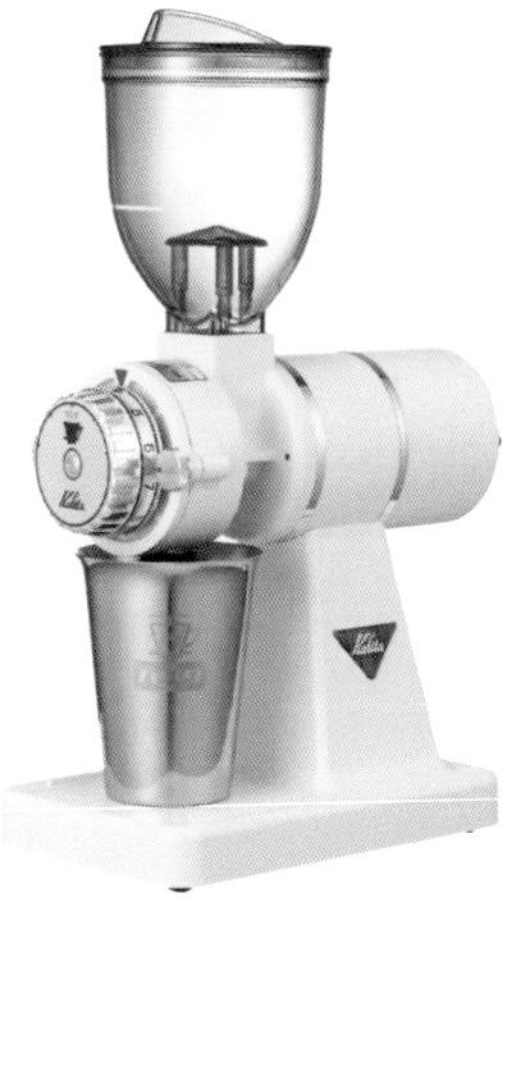

豆を挽く、保管する―3

保管状態は味に大きく影響する

豆や粉の保管はつい手を抜きがちですが、あっという間に風味が落ちるのがコーヒーの宿命。買ってきた豆をどう保管するか、挽いてしまったコーヒー粉の場合はどうなのか、それぞれ簡単で便利な保管法を考えてみました。

豆は1週間、粉は3日間。冷蔵・冷凍を活用して使うときは常温に

コーヒー豆を空気中に放置すると、まず香り成分が飛び、次いで酸化が始まります。おいしく飲める期間は、焙煎済みのコーヒー豆でせいぜい2週間。味や香りの劣化を防ぐためには、湿気と空気、光を避け、低い温度で保存します。家庭では、密閉度の高い容器に入れて、冷蔵庫で保存することをおすすめします。

できれば1週間を目安に使いきれる分ずつ購入しましょう。飲みきれないと思われる場合は、1週間分ずつ小分けにし、すぐに使う1週間分

適した保管方法

密閉袋に入れて空気をよく抜く。または密閉性に優れた容器で冷蔵庫・冷凍庫へ。

は冷蔵庫で、残りは冷凍庫で保存するとよいでしょう。豆のままなら1カ月ほど冷凍保存できます。

挽いた状態のコーヒーは、風味が飛びやすいため、そのままでおいしさが保てるのは約3日。香り飛びを最小限にするため、密閉容器に入れて、冷蔵庫で保存します。

冷凍、冷蔵した豆や粉を使う場合は、冷えたまま使用すると抽出温度が下がって風味が変わってしまうため、必ず常温に戻してから抽出しましょう。

悪い保管方法の例

購入時のままガムテープを貼るなどはもってのほか。すぐに風味が落ちてしまいます。

3章

おいしく抽出する

この章では、コーヒーの基本の淹れ方とテクニックを
プロセスを追って解説していきます。
初めてでも淹れやすいペーパードリップ式のほか
サイフォンなどの抽出器具で淹れたコーヒーも
それぞれ特徴があっておいしいものです。
また、レギュラーコーヒーだけでなくエスプレッソや
アイスコーヒーの基本の淹れ方も紹介します。

抽出の前に―1

抽出の条件で味は変わる

ここまで、「豆が持っているもともとの味」「豆の焙煎度」、そして「挽き具合」の3要素でコーヒーの味が異なってくることを説明しました。いよいよお湯を注いで淹れる「抽出」ではどんな要素で味が変わるのでしょうか？

時間をかけすぎると風味を損なう

お湯がコーヒーの粉に触れると、粉に浸透しはじめます。すると粉の成分がお湯に抽出され、サーバーにコーヒーがたまっていきます。

その際、粉の成分はどのように抽出されていくかというと、お湯を注いだ直後に多く抽出され、注ぎ続けたあとのほうでは限られた成分しか抽出されません。極端にいうと、最初の蒸らしと2回目の抽出でコーヒーの味の方向性が決まってしまい、3回目の抽出は「濃度の調整」という意味合いが大きいのです。

また、4回5回とだらだらお湯を注ぐと、渋みや泥臭い苦み（なめらかな苦みはすでに抽出されている）、えぐみなどの必要のない成分が抽出されて、コーヒーの風味を損ねてしまいます。

そのため、一般的なドリップ式の淹れ方では、最後の抽出でお湯が残っていてもすべてを抽出せず、必要量に達したらサーバーからはずすのが常識になっています。

まずはこうした抽出の原理と、味に影響を与える抽出の3つの条件（左記）を頭に入れておきましょう。

しっかり計って安定した味を出す

コーヒーにドリッパーをセットしてからお湯を注ぐときは、左に掲載した3つの要素を考えて注ぐことが大事になりますが、実は2章で触れた「焙煎度」と「粒度」が粉の成分の抽出しやすさと関係するため、合計5つの要素を頭に入れておく必要があります。

例えば、粉の量を多めにしたときは、えぐみを出さないために粗挽きの粉を使ってバランスをとることもできます。

この5つの要素を一度に理解することはなかなか難しいので、まずはP56からの基本の手順にあるように、粉の量や焙煎度、粒度、温度などの目安を守り、基本どおりに淹れることをくり返すことが大事です。

そこで安定した味を出せるようになってから、温度を少し上げたり粉の量を増やしたりして、自分の味の好みに近づくためにチャレンジしてみるといいのです。この試行錯誤が抽出の腕を磨きます。

コーヒーの味を変える抽出の3条件

抽出の条件｜1

抽出スピード

お湯を注ぐと、まず水溶性の成分が一気に抽出されはじめます。蒸らしと2回目の抽出くらいで、水溶性成分はほぼ抽出されます。この中にコーヒーのおいしい成分である酸味、甘み、苦みが含まれています。初心者がゆっくりしすぎて「苦すぎる」コーヒーを淹れてしまうのは、抽出に時間をかけると出てしまうえぐみや渋み、一部のいやな苦みを抽出してしまうから。適切なスピードでの抽出が大事です。

抽出の条件｜2

お湯の温度

水出しの麦茶パックより、パックをお湯で煮出したほうが麦茶の抽出は早いですよね。同様に、コーヒーも温度が高いほど粉の成分の抽出が早くなります。逆に、温度が低い場合は遅くなります。

この原理を上記の「抽出スピード」と兼ね合わせて考えると、高温のお湯で抽出する際は適度な時間で切り上げないと、えぐみなどが出すぎてしまうことがわかります。

抽出の条件｜3

粉の量

粉の量による違いはどうでしょう。左図のように、お湯が成分を抽出してサーバーにたまるまでには、「粉が多め」のほうが通過距離が長いため、時間がかかることがわかります。

ここでまた「抽出スピード」との兼ね合いを考えてみましょう。時間をかけすぎるとやはりえぐみなどの成分が出てきてしまうため、「粉が多め」の場合は、お湯の注ぎ方を調整して抽出スピードを少し早めにする。または「お湯の温度」との兼ね合いを考えて、温度が低めのお湯を注いでえぐみなどが抽出されないようにするなどの作業が有効になります。

焙煎度・挽き具合・抽出条件による味の変化

強調される味わい

苦み・コク ←→ 酸味・キレ

	濃厚なコーヒー	バランスのいいコーヒー	あっさりめのコーヒー
焙煎度	深煎り フルシティロースト フレンチロースト イタリアンロースト	中煎り ミディアムロースト ハイロースト シティロースト	浅煎り ライトロースト シナモンロースト
豆の挽き具合	細挽き  コーヒー豆を細かく挽くと苦みやコクが強い濃厚な味になる。	中挽き  苦みと酸味をともに楽しみたい場合は中挽きがおすすめ。	粗挽き  薄味が好みの場合は豆を粗挽きに。あっさりとした味になる。
粉の量	多め ←→		少なめ
お湯の温度	97℃以上 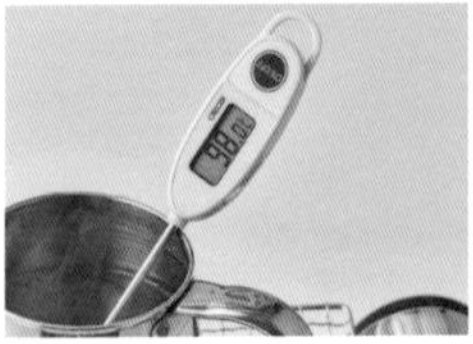	92～96℃ 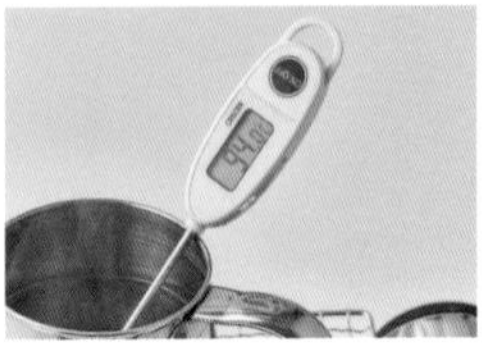	90℃以下 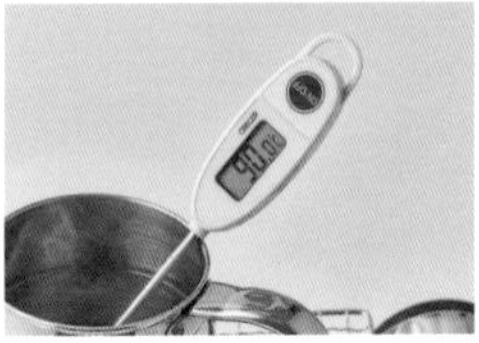
抽出スピード	細め  お湯が細くなるように注ぐと、豆の成分が十分に抽出される。	やや細め  基準となるお湯の太さ。気持ち細めを意識して注いでみて。	やや太め  お湯がやや太めになるように注ぐと、あっさりとした味になる。
	濃厚なコーヒーをドリップしたい場合は、深く煎って細かく挽いた豆をたっぷり使い、高温のお湯でじっくり抽出するとよい。ただし、お湯の温度が高すぎたり、注ぐ際に遅すぎる(=お湯が細くなりすぎる)と、コーヒーの雑味成分が出てしまうので注意。温度は防水温度計で確かめよう。	苦みと酸味、コクとキレのバランスがいいコーヒーを淹れるには、焙煎度から抽出スピードまですべての条件を中程度に。お湯の太さはやや細めが基準となる。最初はこの淹れ方をマスターして、そのあと挽き具合や抽出のスピードなどを変えていくと、味の違いがわかりやすい。	あっさりとしたコーヒーを淹れたい場合は、浅煎り、粗挽きの豆を使い、粉の量は少なめに、90℃以下のお湯を速めに、つまりお湯が太くなるように注ぐ。苦みを抑えられ、酸味やキレが強いコーヒーになる。ドリッパーはお湯が速めに落ちる3つ穴のものを選ぶとよい。

抽出の前に―2

器具によって出せる味わいが違う

同じ豆(ローストや粒度、量も同じ)を使っても、異なる器具で抽出すると味わいは変わります。その理由を知ることが、器具をよく理解して基本的な抽出技術をいち早くマスターすることにつながります。

自分が作りたい味に向く器具を選ぶ

コーヒーの抽出器具が何種類もあることはご存じだと思いますが、多く存在する理由は、もちろん「味わい」と無縁ではありません。たとえ「アウトドアでも飲みたい」とか「短時間で淹れたい」などの用途が理由で開発されたとしても、その器具が受け入れられたのは「味わいがいい」からで、「その器具独特の味」を出すことができたから、と考えられています。それだけに器具の特性を知ることは大切。自分が作りたい味に向いている器具を選ぶことが重要になってきます。

ドリップ式コーヒーの場合、お湯の注ぎ方にもコツがあります。一定の速度で、注ぐお湯の太さを変えることなくまっすぐに注ぐこと。お湯に勢いをつけずにやさしく注ぐことも大事です。そんな注ぎ方を無理なくできるように作られているのがコーヒーポット。注ぎ口を見ると、多くの場合、細く曲線を描いています。これは、注ぐお湯の量を調整しやすく、繊細に注げるから。ふつうのやかんでは繊細な調整が利かないため、ぜひコーヒーポットを使用してください。コーヒーの味が格段によくなるはずです。

便利で本格的な電気式

最近は湯量を調節しやすい細口ノズルを備えた電気ポットも多く登場。こちらは転倒時のお湯もれ防止を実現した優れもの。

1台2役のやかんも

ドリップ用コーヒーポットとしても使える細口のやかんなら、お湯を沸かしたらそのまま注げて便利。両方を買い揃える必要がないのもうれしい。

プロ仕様を家庭に

本格的なドリップコーヒーを楽しみたいなら、プロも使用している極細の注ぎ口のコーヒーポットがおすすめ。

レギュラーコーヒーの抽出器具

適した粒度＝中挽き〜中粗挽き

ペーパードリップ

味の幅は広く、
ある程度の味が誰でも出せる

温度や抽出スピードを自由に調整できるので、味の幅は広い。その半面、淹れ方の違いによって味がガラリと変わってしまい、慣れないうちは味がブレやすい。

基本的な手順さえマスターすれば、誰でもある程度の水準の味が出せる。手入れがラクで、初期投資が少なくてすむメリットも。ドリッパーが割れたり壊れたりしても、スーパーなどで買える手軽さもうれしい。

適した粒度＝中挽き〜粗挽き

ネルドリップ

レギュラーコーヒーなら
何でも来い！

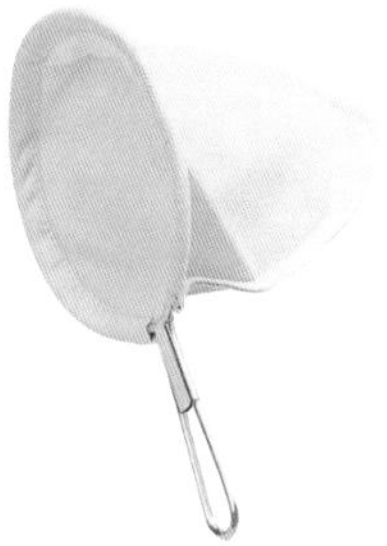

ペーパードリップと同様に温度や抽出スピードを自分で調整できる。抽出するフィルターに羽毛立った部分を使用しているため粉の引っかかりがよく、粉がふくらんでまったりした味わいになる。ただしドリッパーという支えがなく、布を通過したものがそのまま抽出液となるので、一定水準の味を抽出するにはお湯の注ぎ方や回しかけの方法にある程度のテクニックを要する。

適した粒度＝細挽き〜中挽き

サイフォン

香りが強く、苦み・コクが好きな
コーヒー好きに

アルコールランプで熱し、蒸気圧を利用して抽出するなど器具の特性にまかせる部分が多く、上2つのドリップ式に比べて「手ワザ」が少ないため、テクニックによる味のブレが少ないとされる。

でき上がりの温度が高く、香りを強く感じられるのもメリット。基本どおり淹れれば、ペーパードリップより軽やかな味わいを出すことができる。

エスプレッソの抽出器具

適した粒度＝極細挽き

エスプレッソマシン

エスプレッソにはマシンが一番。
それ以外には向かない

9気圧ほどの高圧で、粉の成分を一気に抽出するのがエスプレッソマシン。その圧力は60kgの重さに相当するといわれ、あらゆる成分が抽出液に出るため、濃厚になる。

レギュラーコーヒーがコーヒー粉を時間をかけて浸透させるのに対し、エスプレッソマシンでは高圧をかけて短い時間で浸透させる。その圧力で濃厚な味わいを作るのが目的なので、エスプレッソマシンでレギュラーコーヒーの軽やかさは出せない。

適した粒度＝極細挽き

マキネッタ

マシンとは異なる
インパクトのある苦みが得意

器具を直接火にかけて加熱し、生まれた蒸気を細いパイプを通すことで高圧にして粉を通過させ抽出する方法。エスプレッソマシンほど高圧ではないが、やはり濃厚な香味が出ることから直火式エスプレッソとも呼ばれる。

加熱し続け、高温で抽出するため苦みが立つのが特徴。同じ豆の種類を使い続けることで「香りが移り、いい味を出す」という人もいる。

アイスコーヒーの抽出器具

適した粒度＝中挽き

ウォータードリッパー

水で抽出するため
まろやかで芳醇な味に

専用器具を使い、水で抽出する方法。点滴のように抽出するため1杯に数時間かかる。低温の水で抽出するので、苦み成分が抑えられまろやかな味になる。

時間をかけて（2〜3時間）必要な成分を抽出するため、バランスのいいアイスコーヒーに仕上がる。アイスコーヒーは苦いほうがいいという人は、レギュラーコーヒーで好みの味を出してから急冷する方法がおすすめ。

コーヒーメーカーも便利

インテリア性の高い製品も多い。タイガー魔法瓶のサイフォン式全自動コーヒーメーカー「Siphonysta」。

コーヒーメーカーのメリットといえば、一度に大人数分のコーヒーを淹れられること。確かに一番のメリットかもしれませんが、近年のコーヒーメーカーは使い方次第でさらに重宝します。

コーヒーメーカーのサーバーには大きく、ガラスタイプと魔法瓶タイプの2種があります。魔法瓶タイプならコーヒーが煮詰まらず、なおかつ酸化を抑えてくれるため、時間をおいて飲む際にも味がそれほど劣化しません。

また、夏場などにアイスコーヒーを作るときにも便利です。アイスコーヒーは冷蔵庫で2日くらいは保存できるため、コーヒーメーカーで一度に仕込んでおけば手間が省けます。

そしてあまり知られていないメリットが、自分好みの味を見つける際に便利であること。コーヒーメーカーの注湯は、人が手で行うよりも正確で一定です。豆の種類、豆の挽き具合・分量、水の分量などを変えて味の違いを試したい場合には、注湯を一定に保ってくれるコーヒーメーカーほど便利なものはありません。同様の理由で、アレンジコーヒーを試作する場合などにも役立ちます。

マイルドとストロングの2つから好みの濃さに抽出できる、タイガー魔法瓶のADC-A061。

カリタの定番モデルのET-102。シャワーのような注湯でおいしさを引き出す。一度に6人分まで対応。手ごろな価格も魅力。

レギュラーコーヒーを淹れる

レギュラーコーヒーの淹れ方には、ペーパードリップ、ネルドリップ、そしてサイフォンを使う方法があります。それぞれの特徴と淹れ方をマスターしましょう。

ペーパードリップで淹れる

一見簡単そうでも、上手に淹れるにはそれなりのテクニックがいるペーパードリップ。試行錯誤しながら上手になっていくといろいろと条件を変えて自分の味を作ることができます。手始めには最適で、ひと通りの「コーヒーの味の出し方」が理解できる、まさに基本の抽出法です。

器具の特質と淹れ方の基本を覚え、自分好みに微調整

1章の「コーヒーの味の決定条件」の項目で「抽出で味はかなり変化する」ことについて触れました。

ペーパードリップによる抽出は、そのシンプルさゆえに「人の手」が介在する部分が多く、自由度が高いのが特徴。実は自由であるからこそ「最も味の変化を受けやすい」抽出方法なのです。手軽でコストが低い

半面、上手に淹れるのは難しく、だからこそ面白い方法ともいえます。

まず、使う器具（ドリッパー）によって抽出方法の考え方の違いがあることを知っておきましょう。全く同じ抽出テクニックを用いても、使う器具が違えば抽出されるコーヒーの味は違うのです。P54〜55にまとめた各ドリッパーの特徴を確認して、自分の飲みたい味に合わせて選ぶことをおすすめします。

ドリッパーを選び、実際にお湯を注いで抽出を始めると、今度は

・蒸らし時間（10〜50秒）
・お湯の温度（92〜96℃）
・お湯を注ぐスピード（早め、遅め）
・お湯の回しかけ方（中心部、周縁部）

といった要素で、抽出されるコーヒー液の味が異なってきます。例えば、92℃と96℃のお湯ではあきらかに味の違いがあり、挽いた豆の持っている味のポテンシャルのどの部分を引き出しているかが変わってきます。でき上がりの温度は65℃が飲みごろとなり、それより高温だと苦みが、低温だと酸味が強くなります。これらの抽出方法には絶対のルールはなく、淹れる人によっても少しずつやり方が違いますが、ある程度共通して行っている「基本」の動作があります。

P56から初心者でも一定の味が抽出しやすい基本の淹れ方を紹介します。まずはこの方法でブレずに一定の味が出せるようになってから、微調整して自分の味を見つけていくといいでしょう。

用意するもの

ペーパードリッパーの種類と特徴

代表的なペーパードリッパーは左の4つ。
穴の数や溝の形状などによって微妙に味が異なり、
基本的に穴が多いとさっぱりした味わいに、少ないとコクが出やすくなります。
それぞれの特性を理解し、自分に合ったドリッパーを選びましょう。

カリタ式

キレがよく、さっぱり

お湯が落ちるまで42秒*

底の穴の数＝3

スプーンの容量＝10g

台形で底に穴が3つあり、内側の溝（リブ）が長くなっている。これは、カリタが「漉す」という考え方だから。注がれたお湯は、内側にある長い溝に助けられてストレートに粉を通過するため、3つの穴から素早くコーヒーが抽出される。さっぱりとしたコーヒーに仕上がる。

メリタ式

コクのある深い味わい

お湯が落ちるまで62秒*

底の穴の数＝1

スプーンの容量＝8g

台形で底に穴が1つあり、内側の溝は途中から始まっている。これは、メリタが湯を滞留させて「煮出す」という考え方だから。溝が短く穴が少ないため、注いだお湯が粉の中に滞留しゆっくりと抽出され、味わい深いコーヒーになる。メリタ式のみ細挽きのコーヒー粉を使用する。

*ペーパーフィルターをセットしたドリッパーに200mℓのお湯を注いだ際のお湯が落ちきる時間

ハリオ式

まったりとした味わいに

お湯が落ちるまで53秒＊

底の穴の数＝1

スプーンの容量＝12 g

円錐形で底に大きな穴が1つあり、内側の溝は長くて渦を巻いている。この独特な形状が、注がれたお湯を中心に向かって流す。それにより、自然にコーヒー粉に触れる時間が長くなり、コーヒーの成分がより多く抽出され、まったりとした味わいのコーヒーに仕上がる。

KEY クリスタルドリッパー

ややすっきりした味わいに

お湯が落ちるまで45秒＊

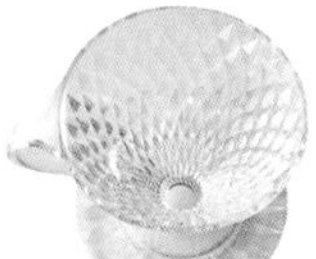

底の穴の数＝1

スプーンの容量＝10 g

ローストメーカーのキーコーヒーが作ったドリッパー。円錐形で底に大きな穴が1つあり、内側は凸凹した「ダイヤカット」。注がれたお湯が中心から均一に粉に浸透し、ダイヤカットに沿ってジグザグにゆっくり流れ落ちるため抽出ムラを防ぎ、豆のコクを安定的に引き出す。

ペーパードリップでの淹れ方

カリタ式ドリッパーは3つの穴から素早く抽出するのが特徴。テイストが軽いと感じる場合は、粉の量を多くして味の調整を。ハリオ式は円錐形&渦巻きの溝によって、お湯がコーヒー粉に触れる時間が長くなり、粉の量が同じでもコーヒーの成分をより多く抽出できます。

カリタ式、メリタ式

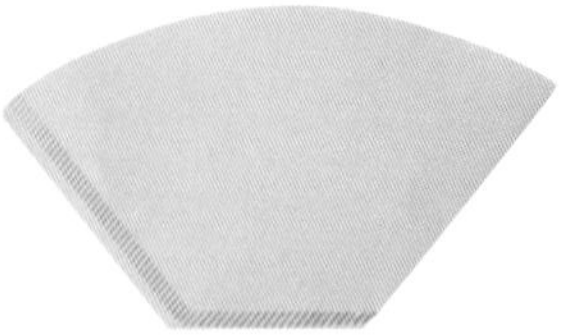

台形のペーパーフィルターを用意。ハリオ式などの円錐形のフィルターとは形状が異なるため注意。

フィルターの折り方

1 底辺の重ね目を折る。

2 底辺の重ね目と反対方向に、側面の重ね目を折る。フィルターをしっかり折らないと不安定になり、淹れにくくなる。

材料（でき上がり120mℓ／1人分）

コーヒー粉 ―― 8〜13g

湯 ―― 130mℓ〜150mℓ

挽き具合｜
中挽き〜中粗挽き（メリタ式は細挽き）

適した焙煎度｜
ハイロースト〜フルシティーロースト

ハリオ式、KEYクリスタルドリッパー

円錐形のペーパーフィルターを用意。台形（カリタ式、メリタ式）の形状のフィルターは使えないので注意。

フィルターの折り方

1 側面の重ね目を折る。重ね目を折ることで、フィルターがドリッパーにフィットする。

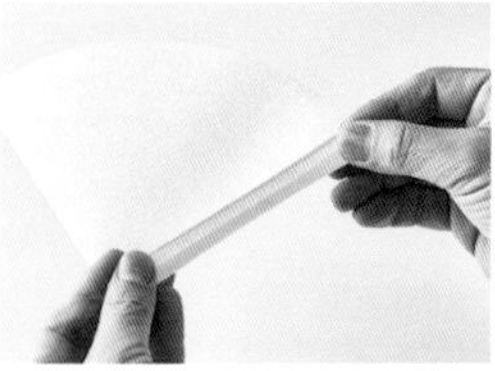

材料（でき上がり120mℓ／1人分）

コーヒー粉 ―― 10〜12g

湯 ―― 130mℓ〜150mℓ

挽き具合｜
中挽き〜中粗挽き

適した焙煎度｜
ハイロースト〜フルシティーロースト

1 器具をセットしてあたためる

コーヒーサーバーにドリッパーをセットし、沸騰したお湯を回しかけて器具をあたためる。

2 カップもあたためる

サーバーにたまったお湯をコーヒーカップに移して、カップもあたためておく。

3 ペーパーフィルターをセットする

ドリッパーにペーパーフィルターをしっかりおさめ、再度コーヒーサーバーにセットする。

4 コーヒー粉を入れる

コーヒー粉をペーパーフィルターに入れる。

Point コーヒー粉の基本量はコーヒーメジャースプーンにすりきり1杯だが、しっかりした味のコーヒーを淹れたい場合は山盛り1杯入れるとよい。好みに合わせて調節を。

5 軽くたたいて表面をならす

手でドリッパーをたたき、コーヒー粉の表面を平らにする。

6 中央にくぼみを作る

コーヒーメジャースプーンの角で押して、コーヒー粉の中央にくぼみを作る。

7 お湯を注いで蒸らす

くぼみの中心から外側に向かって渦を描くように少量のお湯を注ぎ、コーヒー粉全体を湿らせる。お湯の温度は、沸騰してから少し落ち着いた92〜96℃が最適。10〜50秒そのまま蒸らす。

Point 注ぐ湯の量（太さ）を一定にしてまっすぐに落とすこと。これができないとコーヒー粉が動かないため、うまく蒸らせず、風味が出ない。

8 表面が沈みはじめるのを確認

お湯で盛り上がった表面が沈んでいくのを確認したら、2回目のお湯を注ぐ。

9 2回目のお湯を中心から注ぐ

2回目はゆっくりと中心から外側に向けて渦を描き、ペーパーの近くまできたら、中心に向かって渦を描きながら戻り、注ぐのをやめる。

Point ペーパーに直接お湯がかからないように注意。ペーパーにかかったお湯は、コーヒー粉を通過せずに直接サーバーに落ちてしまうため、味にムラができる。

10 表面が沈みはじめるのを確認

盛り上がった表面が沈んでいくのを確認する。

11 必要量になるまでくり返す

2回目と同じ手順で、必要量になるまで注ぐ。

メリタ式の場合

メリタ式の長所は、お湯の量やスピードをさほど調整する必要がないこと。蒸らしのあとは一気に必要量分のお湯を注いで満たしてしまえばあとはドリッパーが自然に抽出の調整をしてくれるので、3回目以降の注湯は不要となる。

12 素早くドリッパーをはずす

必要量になったらお湯を注ぐのをやめ、コーヒーが落ちきらないうちに素早くドリッパーをはずす。

Point ドリッパーにコーヒーが残っていても、素早くはずすこと。コーヒーを絞りきると、色が濁ったり、雑味やえぐみが出てしまう。お湯を注ぎ終わったドリッパー内のコーヒー粉は、中心が陥没し、周りが土手のようになっていればOK。

13 カップにコーヒーを注ぐ

2で注いだコーヒーカップのお湯を捨て、コーヒーを注ぐ。1人分の基本量は約120㎖。

14 でき上がり

レギュラーコーヒーの完成。

ペーパードリップの応用テクニック

ペーパードリップの基本の淹れ方を覚えて
安定して淹れられるようになったら
目的に合わせて抽出方法をアレンジすることもできます。
こんな自由さがあるのがペーパードリップの魅力です。

点滴法で抽出する

基本的なお湯の注ぎ方はこれまでに紹介したとおりですが、リズムを変えて注湯する「点滴法」を紹介します。

これはネルドリップで使われる方法をペーパードリップ用に簡単にアレンジしたもの。「ふつうに注ぐ→お湯をポタポタたらす」をくり返して粉の成分を抽出しやすくします。風味が安定するので焙煎してから時間がたってしまった豆を抽出するときや少量の抽出などに。

1 **蒸らしは通常どおり**

最初の蒸らしは通常どおり30秒ほど行う。

2 **リズムよく「ふつう→ポタポタ」**

1回目の抽出では、ふつうに数秒淹れたあと、ポットを少し持ち上げて出るお湯の量をポタポタとたらすように調整する。この「ふつう→ポタポタ」をリズムよく3〜5秒で行う。

3 **4回ほどくり返す**

「ふつう→ポタポタ」を連続的にリズミカルに行う。4回以上くり返し、必要量になったら抽出終了。

フレーバーを引き立たせる

コーヒー豆には、わかっているだけで900以上の香り成分があるといわれています。豆の特性や焙煎方法によって、さまざまな香りの違いがあるのもコーヒーの楽しみのひとつ。豆の持つ特有のアロマは、フルーツのようだったり、花の香りのようだったり。その香りをメインに楽しむ淹れ方をすることもできます。特にフレーバーに特徴のある豆はそのユニークさが強調されるので、ぜひ試してみてください。

1 お湯の温度を高めに

97〜98℃のお湯を用意する。高温で素早く抽出することによって、揮発性である香り成分を際立たせる。

2 粉全体にお湯を回しかけて蒸らす

粉全体にお湯を回しかける（フィルターにかけないように注意）。あとの手順は通常のペーパードリップ式と同じ。

3 抽出後は早めに飲む

フレーバーが強調されるだけに香りが飛ぶのも早いため、時間をかけずに楽しむこと。

エキスを抽出する

豆が持つ成分をできるだけ引き出す方法です。濃厚なコーヒーを楽しみたい場合や、お湯で割って濃度を調節して飲むとき、冷蔵庫で冷やしてアイスコーヒーにしたり、ゼリーを作るときにもどうぞ。

1 深煎りの豆を使う

豆の成分を抽出しやすくするために、深い焙煎の豆を使う。熱を加えた豆はふっくらしてお湯が浸透しやすく、成分を抽出しやすくなる。

2 細挽きにする

細挽きに挽いて粉の表面積を増やし、さらにお湯を浸透させやすくする。

3 蒸らし時間は長めの40〜50秒

蒸らしをスタート。通常10〜30秒の蒸らし時間を長めにとり、40〜50秒で、できるだけ最初の蒸らしでエキスを抽出させやすいようにする。あとの手順は通常のペーパードリップ式と同じだが、お湯を注ぐほどコーヒー液の濃度が薄まるため、必要量で抽出をやめる。

ネルドリップで淹れる

コーヒー通に根強い人気のネルドリップ。豆の持つポテンシャルを最大限に引き出すことができ、まったりとした味わいに仕上がります。ペーパードリップよりワンランク上の味を出せるといわれていますが、手入れには多少の手間がかかります。

甘み成分の油脂分を通しやすすく、コクのある味わいが出やすい

うまく抽出できたネルドリップのコーヒーは、ほかの抽出方法では味わえないバランスのとれた味わいになり、ペーパードリップよりワンランク上の味を出せると言いきる専門家も多くいます。

ではなぜ、ネルドリップで淹れるとおいしいのでしょう。ネルドリッ

用意するもの

プは、フランネルの綿をはいで袋状にし、ステンレスなどの枠にとり付けたものです。綿はペーパーに比べて目が粗く、コーヒーの甘みを出す油脂分などがより抽出されやすくなります。目が粗めだとコーヒー粉に均一にお湯が対流しないようにも思えますがそうではなく、収縮性に富んだ厚めの生地と起毛部の引っかかりで粉自体をまんべんなくふくらませて、ゆっくりと成分を抽出します。抽出後のフィルターの中を見ると、ペーパーフィルターとは異なり、やわらかいコーヒー粉が布地にまんべんなくついています。これは、お湯がコーヒー粉を躍らせながらじっくりと通過した証拠。おいしい成分を通しやすく、かつ、ゆっくり引き出せるわけです。

　ただし、ペーパーフィルターはドリッパーという器具に支えられているのに対し、ネルは支えがなくフィルターと支えを兼ねているため、お湯の注ぎ方がそのまま抽出に影響します。注ぎ方が早すぎると抽出が薄く、ゆっくりすぎると濃く出て、コーヒー粉ではなく布地に直接お湯をかけてしまうとそのまま水分だけがコーヒー液に流れてしまいます。高度なテクニックが必要とされるのも事実。慣れるまで時間がかかり、器具の手入れも必要です。お手入れ方法の重要なポイント（P66参照）も確認しましょう。

片手でできる便利な器具も

コーヒーの持ち味を引き出し、微妙な味の変化を楽しめるネルドリップ。しかし、基本的にはポットとフィルターを手で持って抽出作業を行うため、両手がふさがってしまうのが不便だと感じるかたもいるようです。そんなかたには、スタンド付きのネルフィルターや、コーヒーサーバーと一体型のものなどがおすすめ。これなら片手でも抽出作業ができます。大量に抽出するときにはラクなので、使ってみてはいかがでしょう。

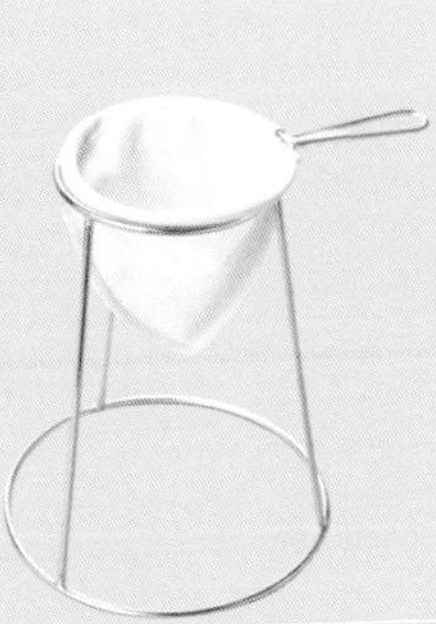
スタンドがあれば、片手で淹れることが可能に。

見た目もかわいい、ガラス枠付きのタイプも。

ネルフィルターのお手入れ・扱い方

お手入れ・扱い方 1

必ず湿った状態で保管する

ネルフィルターで一番大切なのは保管方法です。絶対に乾燥させてはダメ。乾燥させると布に残った油脂成分が空気中の酸素と反応していやなにおいを放ち、そのまま抽出すると、コーヒーのいい香りが全く異質のものになってしまいます。使用したらすぐ、表裏ともによく水洗いしてコーヒー粉を洗い流し、よく絞ったうえで、清潔な水に浸します。2～3日に一度しか使わない場合は、水を毎日替えて。それ以下の頻度の場合は、ぬれたままのネルフィルターをポリ袋に入れて、冷凍庫に入れておきましょう。

お手入れ・扱い方 2

コーヒー粉と煮てから使用する

新しいネルフィルターを使うときは、まず、コーヒー粉といっしょに鍋に入れてグツグツ煮て、ネルについている糊を完全に落とします。この作業を省くと、コーヒーに糊のにおいが移ってしまい、本来の味が楽しめなくなります。コーヒー粉は、一度抽出した出がらしでも大丈夫です。冷蔵や冷凍で保管していた使用済みのネルフィルターを使う場合も同様です。

お手入れ・扱い方 3

好みの味が抽出できなくなったら交換

ネルフィルターはくり返し使えますが、布が黒くなったり、以前より濃く抽出されるようになってきたら交換の時期です。黒くなった布はコーヒー粉が目詰まりしていてゆっくりと抽出されるため、同じように抽出しても濃いコーヒーになってしまうのです。通常は布だけを交換すればいいのですが、使い捨てのネルドリップもあるので、購入時によく確認を。

ネルドリップでの淹れ方

高度なテクニックを必要とされる抽出法ですが、その味わいはやはりワンランク上です。お湯の注ぎ方に全神経を集中させて。

材料（でき上がり120mℓ／1人分）
コーヒー粉 ―― 10〜13g
湯 ―― 130mℓ〜150mℓ

挽き具合｜中挽き〜粗挽き
適した焙煎度｜ハイロースト〜フルシティーロースト

1 ネルの裏表を確認

ネルフィルターの裏表を確認すること。間違えるとうまく抽出できないので注意。

外側
空気に触れる側はこちら

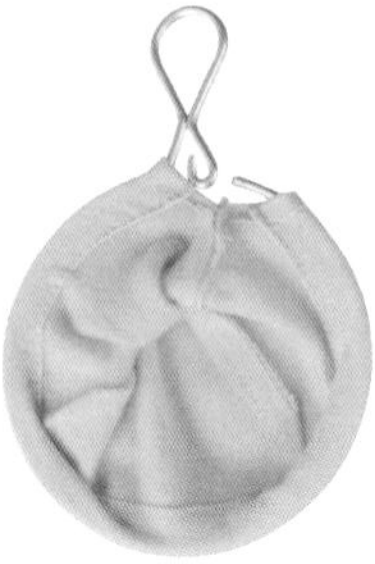
内側
この中に粉を入れお湯を注ぐ

2 ネルフィルターを洗う

ネルフィルターを新しい水に浸して洗う。

Point ネルフィルターは常に湿った状態にしておくこと。乾燥させないために、毎日使う場合は水につけておき、たまにしか使わないならポリ袋に入れて冷凍しておく。冷凍保管したものは、コーヒー粉と煮てから使用する（P66参照）。

3 ネルの水けをよく絞る

ネルフィルターを水から上げ、ねじって水けを絞る。

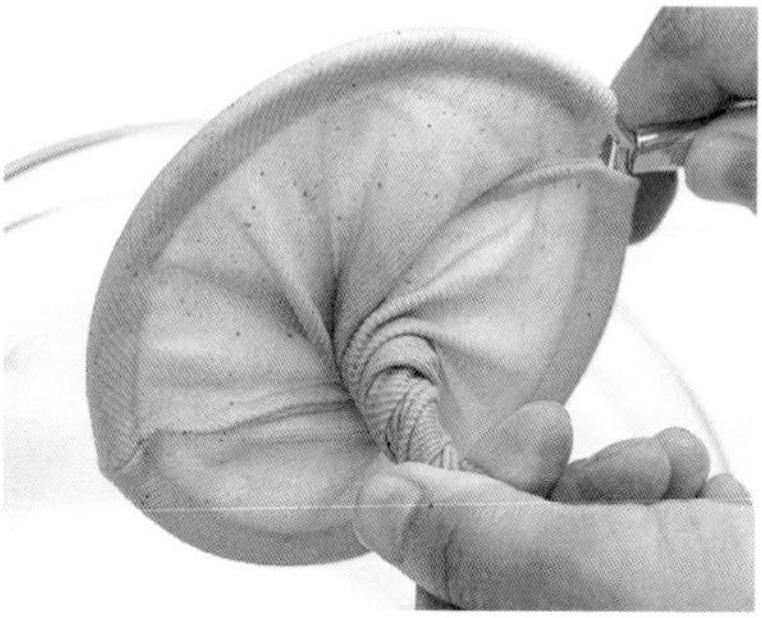

4 コーヒー粉を入れる

コーヒー粉をネルフィルターに入れる。

5 表面を平らにする

手でネルフィルターの縁を軽くたたいて表面を平らにし、コーヒーサーバーの上に持っていく。

6 お湯を注いで蒸らす

中心から外側に向かって渦を描くようにお湯を注ぎ、コーヒー粉全体を湿らせる。

7 表面の泡がはじけるのを確認

お湯で盛り上がった表面が沈んでいき、泡がはじけてきたら、2回目のお湯を注ぐ。

8 2回目のお湯をゆっくり注ぐ

2回目は、中心に少し多めに注いでからゆっくりと「の」の字を描き、コーヒー粉をふくらませる。

9 表面が沈んでいくのを確認

盛り上がった表面が沈んでいくのを確認したら、3回目のお湯を注ぐ。

10 3回目のお湯を注ぐ

3回目は、中心からゆっくりと「の」の字を描くように、必要量になるまで注ぐ。

Point ドリッパーにコーヒーが残っていても、素早くはずすこと。コーヒーを絞りきると、色が濁ったり、雑味やえぐみが出てしまう。

11 素早くフィルターをはずす

必要量になったらお湯を注ぐのをやめ、コーヒーが落ちきらないうちに素早くネルフィルターをはずす。

12 カップに注いで完成

コーヒーカップに注いでレギュラーコーヒーの完成。

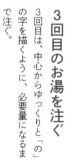

サイフォンで淹れる

インテリア性が高く、おしゃれでプロっぽいイメージのサイフォン。
フラスコの中で沸騰したお湯が上に上がり、
コーヒー液が下に落ちてくる様子は
見ているだけで楽しめますが、味もなかなかのものです。

粉の質ができ上がりを左右。分量に合った器具と計時で味を安定させる

喫茶店のカウンターなどで見かけるため、プロの道具というイメージの強いサイフォン。確かに部品も多く、一見複雑で難しく見えます。

しかし、実は味が安定しやすいため、初心者にもおすすめの抽出器具なのです。

原理は、上のロート部にコーヒー粉、下のフラスコに水を入れて加熱

するると、水が沸騰し、蒸気圧で上にあるコーヒー粉を浸出させ、コーヒー液が抽出できるというもの。火を止めると気圧が下がり、上下の境目にあるフィルターを通して、コーヒー液だけが下のフラスコに落ちてきます。

　ペーパーやネルのようにドリップの「手技」が必要ない分、味のブレが少ないわけです。その代わり、いくつか注意点があります。一つ目は器具の大きさに合わせた分量を守ること。大きな器具で少量を淹れようとすると、味にムラのあるコーヒーに仕上がってしまいます。いつも飲む分量に合わせたサイズのサイフォンを購入しましょう。どうしても大きなサイフォンで少量のコーヒーを淹れたい場合は、初めにフラスコに入れるお湯の量をでき上がり量よりもかなり少なめにして沸騰させ、沸騰してロートに上がってきたときに不足分の湯をロートにつぎ足すようにすると味が安定します。

　二つ目は、手技がない分、「粉の量」「ロースト度」「挽き方」が味を左右する度合いが高いので、でき上がりの味をイメージして粉をセットすること。ちなみにサイフォンは通常より温度が高い沸騰したお湯で抽出するため、苦みが強調される傾向があります。その特徴を加味したうえで粉を用意しましょう。

　三つ目は加熱時間をきっちり「計時」して、しっかり竹べらでかきまぜること。これによって味がブレることが少なくなります。

　最後はろ過布のお手入れ。ネルドリップと同様、最後はろ過布でコーヒー液を漉すため、きちんとお手入れをしないと香味が変化します。P76の手順を参考にしてください。

用意するもの

上部にコーヒー粉をセットした状態。竹べらを用意しておくとよい。

サイフォンでの淹れ方

上手に淹れれば、ワンランク上の味が期待できるサイフォン。ろ過布の扱いと竹べらでまぜるタイミング、さらに時間をきっちり計るのがポイントです。

材料（でき上がり240㎖／2人分）

コーヒー粉 ――― 20〜26g

湯 ――― 260㎖〜280㎖

挽き具合｜細挽き〜中挽き

適した焙煎度｜ハイロースト〜フルシティーロースト
※アメリカンコーヒーならミディアムロースト

1 フラスコにぬるま湯を入れる

フラスコにぬるま湯（水でも可）をでき上がり量より多めに入れる。水は蒸発分やコーヒー粉に吸収される分を考えて多めに入れておく。

2 お湯をあたためる

アルコールランプを点火し、お湯をあたためる。

Point アルコールランプの炎の高さは約2㎝が基本。一定の火力を保つこと。フラスコの外側の水滴は破損の原因になるので、アルコールランプを当てる前に必ずふいておく。

3 ろ過布を洗い水けを絞る

ろ過布をとりつけたろ過器を新しい水に浸して洗い、手で水けを絞る。

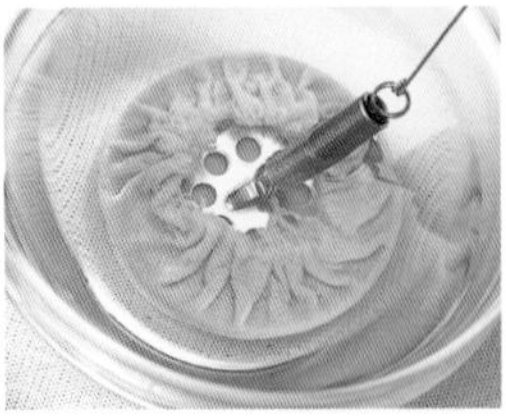

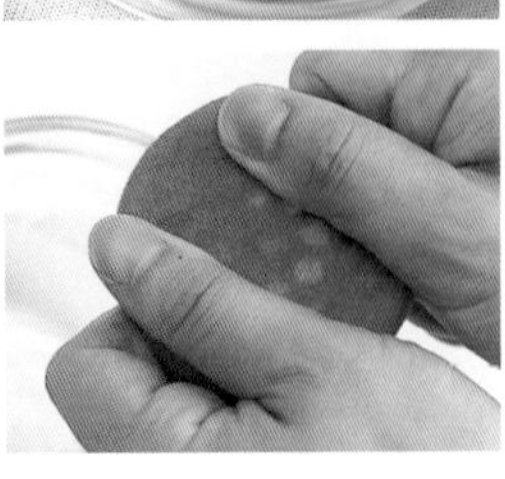

Point ろ過布の扱いは、ネルドリップのフィルターと同じ（P66参照）。湿った状態で保管し、新しいものや冷凍しておいたものはコーヒー粉と煮る。

4 ろ過器のチェーンを管に通す

ろ過器はチェーンをロートの管に通しながら、静かに中に落とす。

5 フックを管にかけてセット

管の下から出てきたろ過器のチェーンを引っぱり、フックを管の端に引っかけてセットする。

6 コーヒー粉を入れて表面をならす

ロートにコーヒー粉を入れ、手でたたくか軽く揺すって、表面を平らにする。

7 フラスコにロートをセット

フラスコから湯気が出てきたらアルコールランプをはずし、ロートをセットする。軽く上部を押さえてしっかりセットしたことを確認したら、火のついたアルコールランプをフラスコの下に戻す。

Point お湯の温度が低すぎるとお湯の上昇が遅くなり、味が濃くなりすぎるので注意。

8

お湯がロートに上がってくる

しばらくすると、フラスコのお湯がロートに上がってくる。

9

半分上がった時点でまぜる

お湯が半分くらい上がってきたら、竹べらでコーヒー粉を6～8回まぜて動かす。竹べらがろ過布に触れないように注意する。

10

大半のお湯が上がったらまたまぜる

ほぼすべてのお湯が上がってきたら、再び竹べらでロートの中を6～8回まぜる。

11 まぜ終えたら1分待つ

まぜ終えたら、そのまま1分間待つ。

12 1分たったらランプをはずす

1分たったらアルコールランプをフラスコからはずして火を消し、ロートの中を竹べらで6〜8回まぜる。

Point このまぜ方で味が左右される。遅すぎると苦みが強くなり、早すぎると酸味が出てしまう。

13 コーヒーがフラスコに落ちるのを待つ

まぜ終わったら、そのままロートのコーヒーがすべてフラスコに落ちるまで待つ。

Point まぜ終わると同時に、コーヒーがフラスコに落ち始めるのがベストタイミング。このタイミングがぴたりと合うと、ロートに残ったコーヒー粉は丸く山になる。コーヒー粉がベタッと平らになったときは、渋くなっておいしくない。

14 コーヒーをカップに注ぐ

フラスコからロートをはずし、コーヒーをカップに注ぐ。

ろ過布の巻き方

1 ろ過布は、起毛した面が外側になるようにろ過器に当てる。

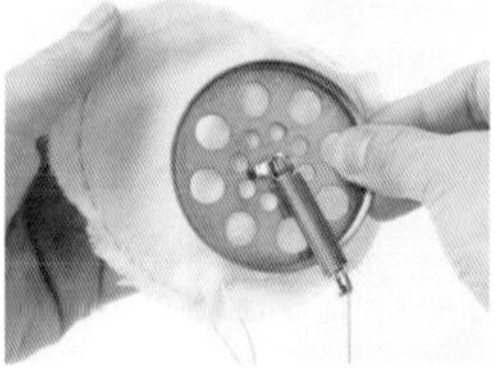

2 ろ過器の中心を押さえてひもを引き、ろ過布のギャザーをよせながら、ろ過器を包む。

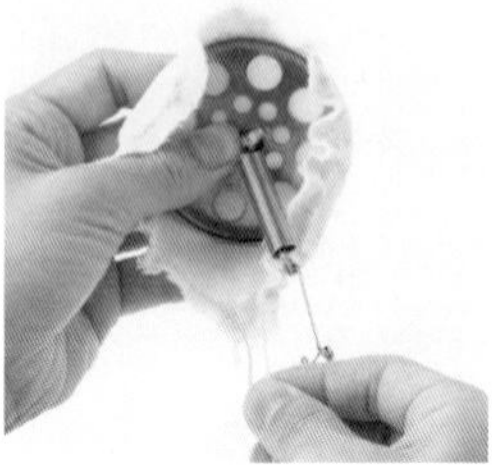

3 包み終わったらひもを結び、内側に入れる。

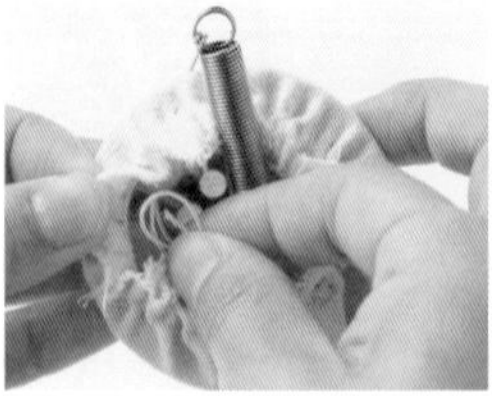

4 完成。お湯とコーヒー粉とともに鍋に入れ、煮てから使用する。

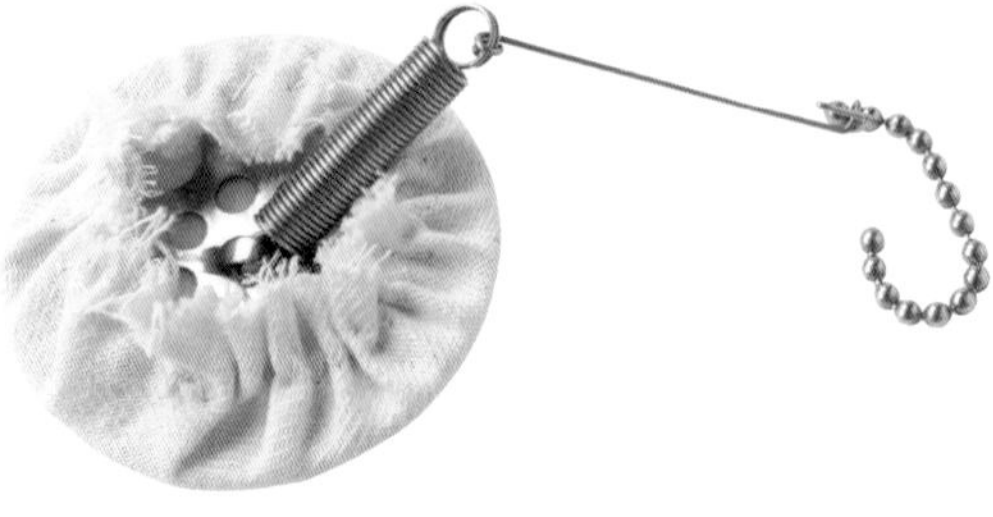

ろ過布のお手入れ

お手入れ｜1

湿った状態で保管し、粉と煮てから使う

ろ過布のとり扱い方は、基本的にネルドリップのネルフィルターと同じ（P66参照）。新しいろ過布や冷凍しておいた使用済みのろ過布はお湯とコーヒー粉といっしょに鍋に入れ、煮てから使用し、常に湿った状態で保管すること。

お手入れ｜2

好みの味でなくなったら交換する

ろ過布の交換時期も、ネルフィルターと同じ。黒くなって目詰まりすると、味が変わってしまう。好みの味に抽出できなくなったときが交換時期。

エスプレッソを淹れる

コクがある濃厚な味わいが魅力のエスプレッソ。
カプセル式のエスプレッソマシンなら、家庭でも本格的な
味が楽しめます。通好みのマキネッタもご紹介します。

エスプレッソマシンで淹れる

近年、本格的なエスプレッソを自宅でも楽しみたいという人が増えているようです。最も手間がかからないのがマシンで淹れる方法。味のブレが少ない半面、マシンの性能次第で味が決まってしまいます。

高圧で一気に抽出する濃厚な味。マシンの性能で差が出る

エスプレッソマシンで淹れたエスプレッソは、まさにプロの味です。最近は、比較的手ごろな値段でシンプルな家庭用マシンが数多く登場し、自宅で日常的にエスプレッソを楽しむ人が増えてきています。

エスプレッソのおいしさの決め手は、強い圧力で抽出することです。

一般的には、7gの極細挽きのコーヒー粉に9気圧の蒸気を当てて、約30mℓのエスプレッソを抽出します。抽出時間は約30秒。このように、いかに高圧の蒸気で一気に抽出するかがポイントとなります。

エスプレッソマシンの中には、カプチーノなどのアレンジコーヒーには欠かせないスチームドミルクとフォームドミルク（P105参照）を作るためのスチームノズルが装備されている便利なタイプもあります。

用意するもの

エスプレッソマシン

マシンで淹れる場合、粉の量や挽き方などで味は微調整できますが、味の決定要素（気圧、注湯法など）のほとんどはマシンの性能によります。購入時に試飲できるようなら、自分の好みの味に近いものを選ぶといいでしょう。

家庭用エスプレッソマシンの売れ筋は1万円前後のお得感のあるものと2万円以上のひと通りの機能が揃ったものに分かれるようですが、機能が豊富についていても使い方がわかりにくかったり、操作そのものに難儀するケースもあります。その確認をすることも購入時の重要なチェックポイントに挙げておきます。

現在、家庭向けのエスプレッソマシンとしては、自分で粉をセットして抽出する従来のマシンは機種が激減し、代わりにカプセル式のマシンが大半を占めるようになりました。家で手軽に楽しむなら、本格的な味わいがワンタッチで出せるカプセル式がおすすめです。

おいしさの証「よいクレマ」に注目！

圧力によって一気に抽出するエスプレッソマシン。この方法で淹れたエスプレッソの表面には、必ず泡が立ちます。この泡をクレマといい、クレマがきれいにできているかどうかで淹れ方が上手かそうでないかがわかるとされています。よいクレマは、表面全体に均等に浮いていて適度な厚みがあり、多少放置していても消えません。クレマのよしあしを判断したいときは、クレマの上にそっと砂糖をのせてみましょう。よいクレマなら、砂糖が一瞬上にとどまり、悪いクレマなら、すぐに沈んでしまいます。

砂糖が一瞬クレマの上にとどまった状態。沈まないようなら「よいクレマ」。

クレマにはこれくらいの適度な厚みが必要。

エスプレッソマシンの種類

最近は家庭向けでも業務用顔負けのものも登場。
家庭用はカプセル式（左ページ）が主流になっています。

家庭用エスプレッソマシン

インテリア性にもこだわりたい

家庭でも手軽にエスプレッソが楽しめるように開発された小型タイプ。以前は業務用に比べると味が落ちるという声もあったが、最近では改良が重ねられ、業務用に勝るとも劣らないエスプレッソが抽出できる機種も登場している。

業務用エスプレッソマシン

細かい好みに対応できるプロ仕様

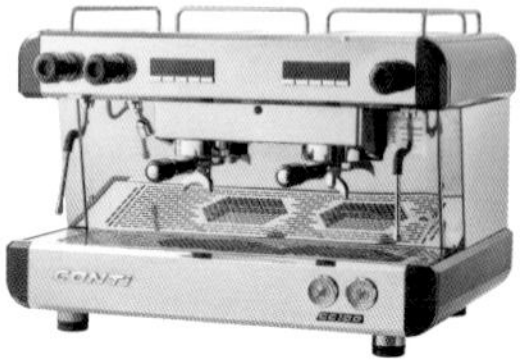

プロ向けに開発されたマシン。抽出時間や圧力などを手動で微調整できるなど、複雑で専門的な操作を必要とするものもある。その分、細かく好みに応じた味を引き出すことができる。抽出器が4つも備わった大型の機種もいろいろある。

コーヒー粉を押さえるタンパーがあると便利

エスプレッソマシンやマキネッタ（P82～84参照）での抽出でポイントとなる工程が、コーヒー粉をしっかり押さえ、平らにするタンピングと呼ばれる作業（P84のプロセス3）。その作業に便利なアイテムがタンパーです。エスプレッソマシンには、タンパーの代わりとなるプレッサーというパーツがついている場合が多く、それを使うのが手軽ですが、少々やりにくい場合もあります。そんなときはタンパーを使ってみましょう。タンパーにはさまざまなタイプがありますが、初心者におすすめなのは重さのあるもの。タンパー自体の重さが、コーヒー粉を平らにするのを助けるので、扱いやすく便利です。

手になじむ使いやすいものを選んで。マキネッタには付属していないことがほとんどなので、ぜひいっしょに購入を。

専用ミルとカフェポッド

エスプレッソは専用の極細挽きコーヒー粉を使用するため、以前はほとんどお店で挽いてもらったものを使用しましたが、最近はエスプレッソ用の極細挽きに対応したさまざまなミルが登場しています。本格的に楽しみたい人は、専用ミルでぜひ家庭で挽きたての味を堪能しましょう。逆に、もっと手軽にエスプレッソを楽しみたいという人には、カフェポッドがおすすめ。エスプレッソ1杯分に相当する約7gのコーヒー粉を紙パックにして適度な圧力をかけて成形したもの。最適な粉が使われているだけでなくタンピングも不要なので、初心者でもおいしいエスプレッソが味わえます。

コーヒー粉が紙フィルターにパックされているカフェポッド。

エスプレッソ用のコーヒー粉は、極細挽きができる専用ミルで。

column

手軽で本格派のカプセル式

お湯とカプセルをセットし、ボタンを押せば30秒ほどでエスプレッソが完成。デザイン性が高いマシンも多数。

ポルタフィルターに粉を入れてマシンにセットする家庭向けエスプレッソマシンが、近年は減少傾向にあります。代わって人気なのがカプセル式のマシン。現在販売されているエスプレッソマシンの大半がカプセル式になっています。

カプセル式の人気の理由は、なんといっても手軽で本格的な味わいが出せること。コーヒー粉はカプセルに密閉された状態で販売されているため、ある程度保管してから淹れても味わいが劣化しません。1カプセルで1杯分なので飲む分だけ入れることができ、ロスが出ないこともうれしいポイントです。また、エスプレッソは抽出時の圧力が味わいを左右しますが、高圧力で抽出できるマシンも登場し、さらに香りが強く立つように改良されたモデルも見られるようになりました。

カプセルが入手しやすくなったことも広く普及した理由のひとつ。以前は大手のネスレだけが取り扱っていましたが、現在はほかのメーカーもカプセルの販売を開始。カフェインレス、オーガニック、さらに紅茶やハーブティーなども手に入るようになり、気分に合わせて多彩な味わいが楽しめるようになっています。

現在はいろいろなメーカーからカプセルが販売されている。コーヒー以外に、紅茶やハーブティーなども。

マキネッタで淹れる

マキネッタは直火式エスプレッソメーカーと訳されることが多いですが、本場イタリアではこの道具で淹れたコーヒーを「モカコーヒー」と呼び、エスプレッソと区別しています。とはいえ、味わいはエスプレッソと同様に濃厚でコクがあります。

各部の名称

「エスプレッソタイプ」ながら独特の濃厚な風味が楽しめる

エスプレッソは、強力な蒸気によって圧力をかけ一気に抽出します。しかしこのマキネッタは、コーヒー粉に沸騰した湯を一気に通過させて抽出します。つまり正確には本格的なエスプレッソとは少々異なり、どちらかといえば構造的にサイフォンに似ています。

マシンで淹れる味と少し異なるとはいえ、扱いに慣れればマシンに負けないほどの独特のエスプレッソタイプのコーヒーを淹れられるようになります。ただし2人用、4人用というように器具にサイズがあるので、いつも淹れる量に合った適正なサイズの器具を用意しましょう。

日本ではエスプレッソといえば極深煎りのコーヒー豆を使うと考えられていますが、マキネッタで淹れる際はお湯が高温になり苦みが強調されすぎる傾向があるため、少し煎りの浅いタイプが適しています。抽出時間は弱火で3〜5分。ボコボコと音がしてきたら抽出完了です。加熱しすぎるとなんとも苦いコーヒーができてしまうので要注意です。

マキネッタのメンテナンスはさほど難しくなく、シンプルな構造で故障も少ないといわれます。使用後は水で洗い流すだけでもよく、イタリ

アでは同じ豆を使い続けて香りを器具に残し、「マイ・マキネッタ」とする習慣もあるそう。とはいえ長期間使用しない場合は、やはり洗剤で洗ったほうが衛生上安心です。

マキネッタでの淹れ方

マキネッタで上手に淹れるには火加減と火にかける時間がポイント。好みの味ができるまで、くり返し試してみて。

材料
（でき上がり60㎖前後／2人分）

コーヒー粉 ―― 14g

水 ―― 150㎖

挽き具合｜極細挽き

適した焙煎度｜
フルシティーロースト
〜イタリアンロースト

マキネッタの断面

マキネッタ抽出の理屈

直火式は、蒸気圧により上に押し上げられた下部ポットの湯が、コーヒー粉を入れたバスケットを瞬間的に通って上部ポットにたまる仕組みになっています。蒸気圧を利用して短時間で抽出することで、エスプレッソのような独特の風味と濃さが生まれるのです。ただし、さほど圧力は高くならないため、エスプレッソマシンで淹れたような泡立ち（クレマ）はできません。注意してほしいのが、2〜3人分用以下の小さなマキネッタを使用する場合。底面が小さくコンロに直接置くと不安定で危険です。必ず網などの上にのせ、安定させて使用しましょう。専用のコンロプレートというツールもあります。

1 エスプレッソ用コーヒー粉と水をセットしてコンロにかける。

2 沸騰する下部ポットの中のお湯が蒸気圧で押し上げられ、コーヒー粉を入れたバスケットを通過する。

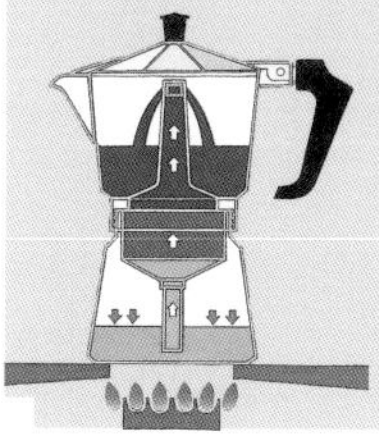

3 バスケットを通過したお湯はエスプレッソとなり、上部ポット内にたまる。

1 水を下部ポットに入れる

下部ポットに水（ぬるま湯でも可）約150㎖を入れる。水は蒸発分やコーヒー粉に吸収される分があるので、でき上がり量に対してかなり多め。

2 コーヒー粉をセットする

バスケットにコーヒー粉を入れ、バスケットを下部ポットにセット。

Point コーヒー粉は、エスプレッソ専用ミルで挽いた粉のように細かい極細挽きを使用すること。

3

コーヒー粉の表面を平らにする

バスケットに入れたコーヒー粉を、タンパーを使って上から押さえる。ぴっちりと詰まるように強めに押さえて平らにする。

4

コンロにのせて点火する

上部ポットと下部ポットをしっかりとセットする。ガスコンロにマキネッタをのせて蓋をあけ、点火する。火加減は下部ポットの底に炎がまんべんなく当たる程度に。

Point 不安定にならないように、ポットの下にコンロプレートや金網を敷くとよい。

5

コーヒーが上がったら蓋を閉める

中央の管からコーヒーが上がってきたら、はねるおそれがあるので蓋を閉める。

6

湯気が出たら火を止める

注ぎ口から湯気が出てきたら火を止める。

7

カップに注ぐ

カップに注いでエスプレッソの完成。

アイスコーヒーを淹れる

アイスコーヒーの淹れ方には大きく分けて2通りあります。本格的な味を楽しみたい、すぐに飲みたい、アレンジコーヒーを作りたい……など、時間や用途を考慮して選びましょう。

ウォータードリッパーで淹れる

アイスコーヒーを淹れる方法は大別して2通り。専用器具を使う、ペーパードリップ法などで淹れたレギュラーコーヒーを冷やして作る、の2つです。専用器具は「ウォータードリッパー」「ダッチコーヒーメーカー」などと呼ばれ、水を点滴のように落としてコーヒー豆のすべてを引き出します。

豆の風味を最大限引き出すウォータードリッパー

ウォータードリップは以前からある冷たいコーヒーの抽出法ですが、専用の器具が大がかりだったり高価で手が届きにくいものでした。

ところが近年、手ごろなサイズや価格の専用器具が登場したことから一般家庭でも楽しめるようになり、ファンが急増しています。

ウォータードリップ法の魅力は、豆が持っているコーヒーの風味が最大限に引き出されることと、濁りのない、香りと風味の豊かな琥珀色のコーヒーが抽出できることです。これは、低温の水を一滴ずつ落とし、長い時間をかけて抽出することによって、コーヒー粉から自然なエッセンスが抽出できること、高温による

ウォータードリッパー・ポタN
ステンレス&耐熱ガラス製。
5杯用（ハリオ）

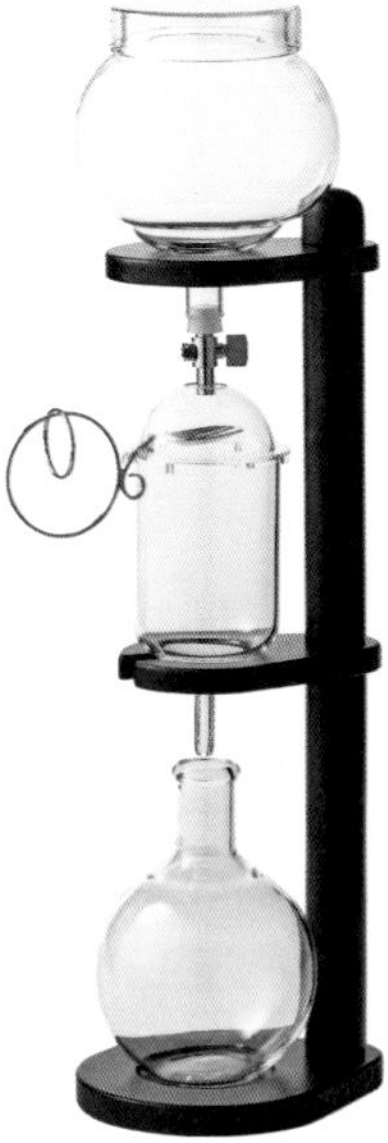

ウォータードリップムービング。
MDF材&耐熱ガラス製、5人
用。（カリタ）

香りや色の変化を防げることにあります。苦み成分は水では溶解しにくいので、深めのローストを使ってバランスをとると絶妙な味わいになります。

その代わり、水を点滴のようにたらして抽出するため、フィニッシュまで2〜3時間ほど必要とするのが欠点といえば欠点。前の晩にセットして朝飲むなどの工夫を。

各部の名称

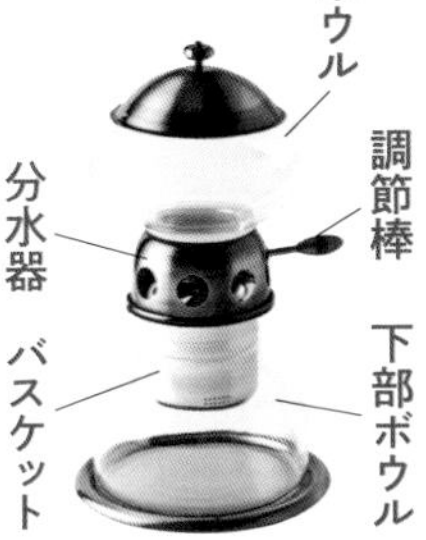

手軽で「そこそこ以上」の味が楽しめる

ウォータードリッパー以外の専用器具として、「水出しコーヒーポット」「ウォータードリップポット」といった製品も売られています。こちらは、ガラス内のバスケットにコーヒー粉を入れて水を注ぐだけ。冷蔵庫に6〜8時間入れておけばアイスコーヒーができ上がる、最も手軽なアイス用抽出器具。決まった分量の粉と水を入れれば毎回同じ味を抽出可能。ウォータードリッパーに比べると味に繊細さを欠くという意見もありますが、低温で長時間かけて抽出されるので、やはり雑味は少なく、おいしいコーヒーが味わえます。専用のコーヒー粉を使えばハズレもありません。

ウォータードリッパーでの淹れ方

点滴スピードによって味の濃さが変わるウォータードリッパー。秒あたりの点滴スピードをしっかり確認するのがコツ。

1
コーヒー粉を入れる
バスケットにコーヒー粉を入れる。

2
少量の水で湿らせる
コーヒー粉全体が湿る程度の少量の水を注ぎ、全体をまぜる。

3
表面を平らにならす
スプーンの背で軽く押して、表面を平らにならす。

材料（でき上がり600mℓ／5人分）

コーヒー粉 ——— 50g

水 ——— 700mℓ

挽き具合｜中挽き

適した焙煎度｜フルシティーロースト〜イタリアンロースト

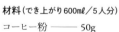

4 すべての器具をセットする

バスケットを下部ボウルにセットして分水器をのせ、その上に上部ボウルをセットする。

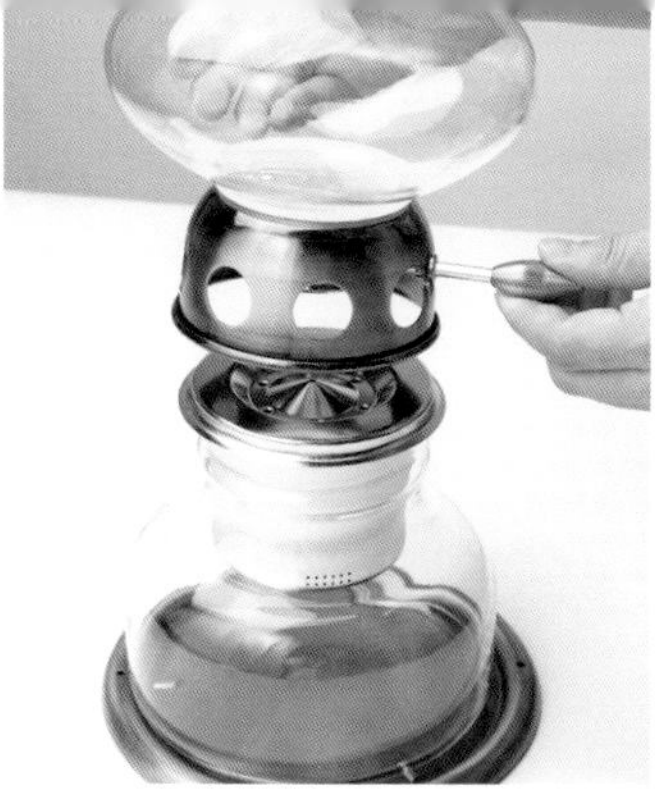

5 水を入れて点滴をスタート

上部ボウルに水700㎖を注いで調節棒を右にゆっくりと回し、点滴をスタートさせる。

Point 点滴は右に回すと速くなり、左に回すと止まる。

6 点滴のスピードを調節する

開口部から点滴の様子を確認して、調節棒でスピードを調整する。点滴は1秒間に2～3滴落ちるスピードが標準。

7 2～3時間で完成

コーヒーを攪拌し、濃さを均一にしてからグラスに注ぐ。

レギュラーコーヒーを冷やして作る

ウォータードリッパーより手軽なのが
レギュラーコーヒーを冷やす方法。
ふつうにアイスコーヒーとして飲む場合と
アレンジコーヒー（P128〜参照）として飲む場合では
冷やし方を変えます。
もとになるコーヒーは濃いめに淹れて！

材料（でき上がり120mℓ強／1人分）

コーヒー粉 ―― 18g前後
※レギュラーコーヒーを淹れる
湯 ―― 130mℓ〜150mℓ

挽き具合	細挽き〜中挽き
適した焙煎度	フルシティーロースト

細かく挽いて粉の分量を多めに！

ペーパードリップなど手軽な器具でアイスコーヒーを作る場合は、あとで氷で薄めることを考慮に入れて濃いめのコーヒーを抽出します。豆はフルシティーローストくらいの深煎りを選び、挽き方はホットで飲む場合の「中挽き〜中粗挽き」より一段細かめに挽き、粉の量も30〜50％増しで淹れるのがポイントです。粉をセットしたあとは、通常のペーパードリップでの淹れ方で抽出してください。濃いめのアイスコーヒーが好きな人は、P63の「エキス抽出法」を使ってもOK。

ホットでは12g前後でいいが、アイスコーヒーを作る場合は18g。粉の量はキッチリ量って

レギュラーコーヒーの冷やし方

アイスコーヒーとして飲む場合

グラスいっぱいの氷を用意し、急冷する方法。キレがよく香りが消えずに残るので、アイスコーヒーとして飲む場合はこちらがおすすめ。

1 氷を入れたグラスを用意

氷をいっぱいに入れたグラスを用意する。

2 熱いうちにコーヒーを注ぐ

熱いうちに一気にコーヒーを注ぎ入れる。

3 最後に氷を数個足す

軽くまぜ、新しい氷を数個足してでき上がり。

アレンジコーヒーに使う場合

冷たいアレンジコーヒーを作るときはドリッパーに氷を入れてそこに熱いレギュラーコーヒーを注ぐ方法が大量に作れて便利です。

1 ドリッパーに氷を入れる

氷をいっぱいに入れたドリッパーとコーヒーサーバーを用意する。

2 上から熱いコーヒーを注ぐ

熱いコーヒーを一気に注ぐ。

3 ドリッパーをはずす

注ぎ終えたら、薄まらないうちにドリッパーをはずす。

そのほかの抽出器具で淹れる

ほかにもまだ種類がある
コーヒーの淹れ方。
コーヒーは抽出する器具によって
味わいが変わり、中には
かなり個性的な味を出す淹れ方も。
ペーパードリップなどに慣れたら
一度その味わいに触れてみては。
コーヒーの世界がさらに広がります。

豆の個性を引き出す 世界各国の器具

コーヒーは世界各国で愛されている飲み物です。例えば、ベトナムは豆の種類こそ「ロブスタ種」という品種が中心ですが、コーヒーの生産量は世界の上位。「ベトナム式コーヒー」という濃厚なコクと苦みを楽しむ独特のコーヒー文化を持ち、世界中にファンがいます。イブリックで淹れるトルココーヒーも同様です。

アメリカでは、開拓時代に流行したアウトドア向きのパーコレーターがあり、フランスでは1950年代にプレス式で

淹れられるコーヒー＝レギュラーコーヒー

プレス式コーヒーメーカー

コクが出やすく油脂の甘みもおいしい

見直されてきた 簡単&おいしい淹れ方

粗挽きのコーヒー粉と熱湯を入れて蓋を閉め、そのまま4～5分待ってから中心のプレス器を下げるだけ。粉が長く湯につかることで豆に含まれる油脂分も抽出されるため、豆の持ち味がしっかり引き出される。コクのある豊かな味わいで、油脂が出るためコーヒー液はやや濁る。

淹れられるコーヒー＝レギュラーコーヒー

パーコレーター

リッチな味。
加熱時間を間違えると苦みが出る

水とコーヒー粉を セットするだけの手軽さ

本体に水を入れて、付属のバスケットに粗挽きのコーヒー粉をセットして火にかける。内部で沸騰した湯は蒸気圧によって循環してコーヒー粉に触れ、コーヒーを抽出。沸騰後2～3分で飲める。火にかけておくだけで淹れられる手軽さは、アウトドアで最適だが、家庭でも十分楽しめる。

淹れる方法が流行しました。両者とも豆の持つ香味を最大限に引き出そうという抽出方法です。
　コーヒーはどの方法で淹れても、その器具の特徴が表れた独特なおいしいコーヒーを味わえます。そう考えると、いろいろなおいしさを含有しているコーヒー豆のポテンシャルってすごい、とあらためて感心しますね。

淹れられるコーヒー
=レギュラーコーヒー（ターキッシュコーヒー）

イブリック

苦みが強調され刺激的でユニーク

熱狂的なファンもいる「煮出し」コーヒー

小鍋に極細挽きのコーヒー粉と水を入れて直接火にかけてコーヒーを煮出せば、ターキッシュコーヒーの完成。漉さずにカップに注いで数分待ち、粉がカップの底に沈んだら、その上澄みだけを飲む仕組み。漉すのではなくあくまで「煮出す」ため、どろりとした感触と苦みが特徴。やや好みの分かれるところ。

淹れられるコーヒー=ベトナムコーヒー

ベトナムコーヒー用メーカー

野性的な苦みを楽しむ。コンデンスミルクを入れてまろやかに

香りを堪能しながらポタポタ落ちる抽出を楽しむ

粗挽きのコーヒー粉をフィルターに詰めて抽出し、カップの上にのせて淹れる。粉がフィルターの穴に詰まるため、抽出には多少の時間を要する。ロブスタ種の豆をバターローストして使うのが一般的なため、アラビカ種の洗練された味とは対極的な濃さと苦みがある。コンデンスミルクとの相性はバッチリ。

4章 コーヒーの味をさらに引き立てる

「ブラックが好きだから、コーヒー液がおいしければそれでいい」
というのは大きな誤解。
飲むカップや使う水などの細かい選択も
コーヒーの味を大きく左右します。
コーヒーの味わいを引き立たせてくれるのは、砂糖や水、
クリーム、そしてカップです。こうした部分に気をつかえば
一段とおいしいコーヒーが楽しめるはずです。

砂糖の選び方

ふだんなにげなく加えている砂糖ですが、種類によってはコーヒーの味を打ち消してしまうことも。砂糖とコーヒーの相性を覚えておきましょう。

ホットコーヒーの場合
じゃまをしないグラニュー糖がベスト

基本的に、砂糖自体の味に個性があるものはコーヒーには不適切とされています。例えばコクがあるブラウンシュガーやミネラル豊富な黒砂糖などは向きません。また、味以外の理由で適していないのが上白糖です。何にでも合いそうですが、溶けにくくかたまりになりやすいので、コーヒーには不向きなのです。

コーヒーシュガーや角砂糖はコーヒーによく合いますが、この2つは溶けきるまで甘さがわかりにくいた

コーヒーに適した砂糖

グラニュー糖

溶けやすく、コーヒーの味をじゃましないすっきりとした甘さ。コーヒーに最適の砂糖。

角砂糖

グラニュー糖を固めたもの。溶けにくいため、分量の調節が難しいのが欠点。

コーヒーシュガー

キャラメルで着色しているが、味にクセがなくコーヒーによく合う。溶けきるまで、がまんが必要。

め微調整が難しいという難点があります。結論として、最も相性がよいのはグラニュー糖。溶けやすく味もすっきりとしているため、コーヒーの味や香りを損なわず甘さをプラスしてくれます。

コーヒーに適さない砂糖

上白糖

しっとりとしていて溶けにくく、かたまりになりやすいため、基本的には使用しない。

ブラウンシュガー

コクのある甘さがコーヒーの味をぼやけさせてしまうため、向いていない。

黒砂糖

砂糖自体の風味が強く、コーヒーの味を打ち消してしまうため、向いていない。

アイスコーヒーの場合

手作りのシュガーシロップがベスト

アイスコーヒーに甘みを加える場合、通常はガムシロップを使用します。ただ、ガムシロップには保存料や甘味料などが入っていることが多く、コーヒーの味が変わってしまいます。ぜひ砂糖と水だけの「シュガーシロップ」を手作りしてみましょう。

手作りシュガーシロップ

鍋に水100㎖を入れて加熱し、沸騰したらグラニュー糖100gを加えて煮溶かす。砂糖が完全に溶けたら完成。粗熱がとれてから保存容器に入れる。冷蔵庫で保存すれば1〜2カ月はもつ。

カロリーとの関係

精製された白い砂糖は一般的にティースプーン1杯20kcal前後。ブラウンシュガーと黒砂糖は18kcal前後と低めで、カルシウム、マグネシウム、鉄分といったミネラルが含まれているのが長所。とはいえ、味が変わってしまうため、カロリーが気になる人はグラニュー糖を使って量を抑えめにするのがベスト。

水・クリームの選び方

意外と見落としがちで勘違いしやすいのがコーヒーを淹れる際の水やクリーム。それぞれ重要なポイントがあるのです。

ミネラル分が少ないため、クセがなく飲みやすい日本産のミネラルウォーター。ほとんどが軟水なので、日本産を選べば間違いが少ない。

カルキ臭は沸騰させればある程度とれるが、そのほかの不純物もとり除いてくれる浄水器を通した水を使いたい。写真のように水道水に炭を入れて浄化した水を沸騰させても。

水の選び方

浄水器を通した水道水がベスト

おいしいコーヒーを淹れるならおいしい水を使用しなければと市販のミネラルウォーターを使用する人がいます。ところが、これらに含まれるマグネシウムやカルシウムなどのミネラルは、コーヒーの風味を壊しかねません。特に外国産に多い硬水は苦みを引き出してしまうため、エスプレッソにはＯＫですがドリップ式コーヒーなどには不向き。市販の水を使用するなら含有ミネラル分が少なくクセのない軟水が適しています。日本の水はほとんどが軟水なので、国産を選ぶとよいでしょう。

最もおすすめなのが浄水器を通した水道水。最近の浄水器はカルキ臭はもちろん、不純物などもとり除いてくれる優秀なものが増えています。備えつけタイプや蛇口につけるタイプ、ポット型などさまざまなものがありますが、活性炭入りのものならどれでも構いません。

クリームの選び方

コーヒーの濃さで使い分けを

生クリームには、コーヒーの酸味をやわらげて口当たりをマイルドにする「コーヒー用クリーム」と、泡立ててアレンジコーヒーのトッピングやケーキなどに使う「ホイップ用クリーム」の2種類があります。主な違いは動物性乳脂肪分の濃度。10～30％程度のものがコーヒー用、30～48％のものはホイップ用に分類されます。ほかに植物性脂肪を使い乳化剤などを添加したものがありますが、これは正確には「生クリーム」ではなく「乳または乳製品を主要原料とする食品」のこと。混同しやすいのですが、実はスーパーなどのコーヒーコーナーにあるクリームは植物性が圧倒的に多く、濃いコーヒーに合う動物性の「生クリーム」は乳製品のコーナーにひっそりあったり、売られていないことも多く、手に入れづらい状況です。

左表で紹介するコーヒー用クリームのうち、植物性のものはスーパーなどにあるポーションタイプがそれほど成分は変わらないので代用できます。コーヒー用クリームが見当たらない場合は、動物性の生クリームと牛乳で自作することができます(下記参照)。動物性の生クリームだけですと、クリームが強すぎてコーヒーの味が台なしになってしまいます。簡単に作れますので、ぜひ試してみてください。余った生クリームは料理やお菓子に使用できます。

コーヒーの特徴とクリームの関係

しっかりコクのあるコーヒー

濃い

動物性／20%
Takanashi
フレッシュ20

植物性／25%
Takanashi
カフェフレッシュ

動物性／27%
粉末タイプ(低脂肪タイプもある)
森永乳業
クリープ

植物性
／20〜25%
ポーションタイプ
(動物性混合タイプもあるので、パッケージに書かれている乳脂肪分の項目をよくチェック)

クリームの濃度

薄い

マイルドアメリカンコーヒー

生クリームと牛乳で簡単に自作できる

コーヒー用クリームは自作することも可能です。使用するのは乳脂肪分35%生クリームと牛乳で、それらを3:1の割合でまぜるのがおすすめです。コーヒーを主役にするなら牛乳で割るだけでもいいですが、コクが欲しい場合はぜひ試してみてください。

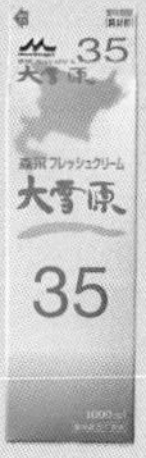

カップの選び方

さまざまな形や厚みがあるコーヒーカップ。コーヒーの種類や味に合わせてカップを選べばよりおいしさが増すはずです。

コーヒーに合ったカップの形状を選ぶ

同じコーヒーを飲むとしても、飲むカップの形によって微妙に味が違ってきます。

よく見かける形が、縁が広がっているタイプとまっすぐなタイプ。この縁の形状による味の感じ方の違いは、味を感じる舌の場所に関係があります。舌は、舌先が甘さと塩辛さ、奥が苦み、中間の左右が酸味と、場所によって感じる味が異なります。縁が広がっているカップで飲むと、すぐに口の中にコーヒーが広がるため、まず、舌の左右にある酸味を感じる部分を刺激します。一方、縁がまっすぐなカップで飲むと、コーヒ

コーヒーの種類による選び方

エスプレッソに
デミタスカップ

エスプレッソ用のカップ。エスプレッソは1杯が30㎖程度しかないため、通常のコーヒーカップに比べて半分程度の大きさしかない。デミタスは、demi＝半分の、tasse＝カップの意。

アイスコーヒー、アレンジコーヒーに
耐熱カップ

ガラス製だが熱に強いため、アイスだけでなく、ホットのドリンクにも使用できるのが特徴。横から見ると層ができるような、きれいなアレンジコーヒーにおすすめ。

レギュラーコーヒーに
コーヒーカップ

主にホットのレギュラーコーヒーを飲むときに用いられる。容量は120〜150㎖が主流。とっ手つきのカップにソーサー（受け皿）があるのが一般的なスタイル。コーヒー用にはそのほか、180〜250㎖でソーサーのないマグカップもある。

カフェ・オ・レに
カフェ・オ・レボウル

カフェ・オ・レ専用の食器。通常のコーヒーカップに比べてかなり大きく、全体に丸い形状で取っ手はない。主にホットのカフェ・オ・レに使用される。

ーが一気に舌の奥に届くため、苦みを比較的強く感じるというわけです。

また、カップの厚みは口当たりに関係してきます。縁の薄いカップは口に当たる感覚が繊細なので、軽やかな味わいを感じやすくなります。縁が厚いカップは、口にしっかり当たるため、くっきりとした味わいを感じやすくなります。そのため、縁の薄いカップは軽やかな酸味系に、厚いタイプは苦み系のコーヒーによく合います。

これらの関係を下にまとめてみました。アレンジしたコーヒーなどをよく飲む人は、アレンジ専用のカップを使ってみてもいいでしょう。

ちなみに北欧諸国など寒い地域では「トールカップ」という背の高いカップをよく見かけます。あれは冷えた空気に触れるコーヒー液の表面積を少なくして保温性を高めたもの。両手でカップを持つと手があたたまることもあり、よく使用されているようです。

コーヒーの味わいによる選び方

口当たりが軽やかなコーヒーに

縁が広がらず薄いカップ

口当たりがよく、苦みもキャッチできるので、アメリカンタイプなどやや軽めのコーヒーをしっかり楽しみたいときに向いている。

コク・苦みのあるレギュラーコーヒーに

縁が広がらず厚みのあるカップ

まろやかなコクが楽しめるので、レギュラーコーヒーすべてに合うが、特にマンデリンなどの苦みに特徴のあるコーヒーにはこれ。

酸味のあるアメリカンタイプに

縁が広がって薄いカップ

クリーンな味わいが楽しめる。焙煎度合いが浅め(P30参照)の豆で淹れた酸味系のコーヒーを、すっきりキレよく楽しみたいときに。

上品な酸味のレギュラーコーヒーに

縁が広がって厚みのあるカップ

酸味が好きな人向け。キレがあり、かつ、しっかりコクが楽しめるので、中南米のスペシャルティコーヒーなど酸味に特徴のあるものに向いている。

5章 アレンジコーヒー＆フード・レシピ

いつもレギュラーコーヒーでは物足りない。
おしゃれなカフェで飲むようなアレンジコーヒーを
自分で作ってみたい。そんなあなたのために
アレンジコーヒーのレシピを用意しました。
全44メニューに、コーヒーアートの作り方を3パターンほど。
さらに、コーヒーといっしょに楽しみたい
フードやスイーツのレシピを10種ご紹介。

アレンジコーヒーのトッピング

コーヒーにミルクの泡やホイップクリームを加えるなどひと工夫したものを「アレンジコーヒー」「バリエーションコーヒー」と呼んでいます。まずは基本の5種類のトッピングについて学びましょう。

ベースのコーヒーとトッピングの組み合わせで呼び名が変わる

コーヒーにはミルク、クリームなどの乳製品がよく合うため、アレンジコーヒーには欠かせない材料です。これらをあたためたり、泡立てたり、ホイップクリームにしてアレンジコーヒーに使います。

70℃以下にあたためた牛乳のことは「スチームドミルク」と呼び、そのときにできる泡のことを「フォームドミルク」と呼び分けています。これらのミルクをレギュラーコーヒーに使うか、エスプレッソに使うかによって、さらに名前が分けられ、スチームドミルクを濃いコーヒーに注ぐとカフェ・オ・レ、エスプレッソに注いだ場合はカフェ・ラテになります。エスプレッソにフォームドミルクもいっしょに加えるとカプチーノになります。

一方、牛乳より脂肪分が濃厚な生クリームを撹拌すると、「ホイップクリーム」ができます。これをそのまま濃いコーヒーにのせるとウインナー・コーヒー、エスプレッソにのせるとカフェ・コン・パンナという具合。

アレンジコーヒーはスチームドミルク、フォームドミルク、ホイップクリーム、シロップ、加えてコーヒー豆と相性のいいチョコレートソースという5種類の基本を上手に組み合わせるだけで、レパートリーがぐんと広がります。

トッピング｜1&2

スチームドミルクとフォームドミルク作り

スチームドミルクとフォームドミルクは鍋に牛乳を入れて火にかけ、60〜70℃で泡立て器で撹拌します。70℃を超えると泡立たなくなるので注意。手作業で撹拌するのが面倒な人は、電動で撹拌できるミルクフォーマーやミルクフローサーがおすすめ。耐熱ガラスの容器とセットになったミルクフォーマーは電子レンジでも使えて便利です。また、エスプレッソマシンを持っている方はマシンについているスチームノズルを使って作ることもできます。

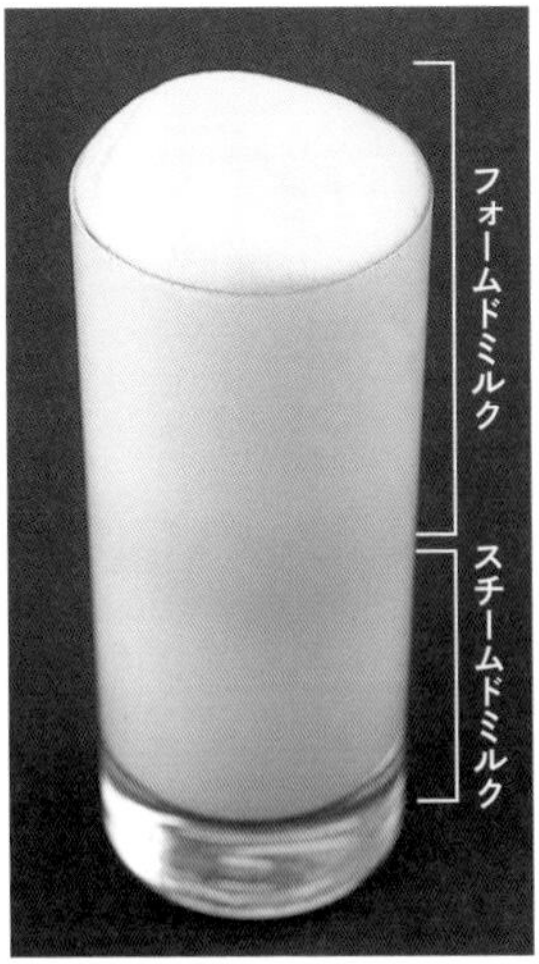

耐熱ガラス容器つきのミルクフォーマー（左）と、スティックタイプのミルクフローサー。

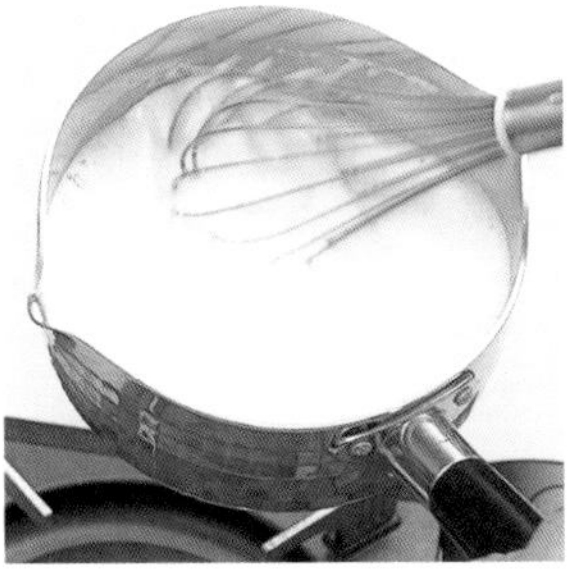

鍋に牛乳を入れて火にかけながら撹拌する場合は、沸騰させないように注意。湯気の加減で温度を見極めて。

エスプレッソマシンについているスチームノズルを使ってスチームドミルクやフォームドミルクを作ることもできる。

トッピング｜3

豆乳、アーモンドミルク、オーツミルクなどで作る

トッピング1&2でご紹介したスチームドミルクとフォームドミルクは、牛乳以外の乳飲料で作ることもできます。手軽に手に入るものでは、それぞれ大豆、アーモンド、オーツ麦を原料とする豆乳、アーモンドミルク、オーツミルクがあります。豆乳を使う場合は無調整は不向きで、調製豆乳のほうがほどよい甘みがあり、フォーミングしやすい利点もあります。アーモンドミルクは黒糖入りのものを選ぶと、撹拌した際にふんわりと仕上がります。オーツミルクは泡が立ちにくい場合がありますが、香ばしい風味をお好みの方にはおすすめ。作り方は牛乳の場合と同様です。また、牛乳がない場合は、ミルクから生まれた成分を原料とする粉末クリームで代用できます。「これでなければだめ」というルールはありませんので、いろいろな乳飲料を試してお好みの味わいを見つけてみてください。

豆乳

アーモンドミルク

オーツミルク

フォームドミルクとスチームドミルク作りには、豆乳は無調整ではなく調製が、アーモンドミルクは黒糖入りのものが適している。いずれも作り方は105ページの牛乳の場合と同様。

本来はコーヒーにまぜ入れて楽しむ粉末クリームのクリープ。スチームドミルクやフォームドミルク作りにも使用できる。

クリープを使う場合は80mℓのお湯に適量のクリープを入れて撹拌する。クリープの量が大さじ1ならあっさりした味の泡に、大さじ2ならまろやかな味の泡に、大さじ3ならミルクをしっかり感じられる泡に仕上がる。容器の中で対流を起こすように泡立て、写真のようにふくらんだ状態が完成の目安。

トッピング｜4

ホイップクリーム作り

ホイップクリームは、乳脂肪分が35～45%の生クリームを泡立てて作ります。脂肪分が少ないとクリーム状になりにくく、独特のコシが出ないままフォームドミルクのような味わいになってしまいます（牛乳は4%前後の脂肪分）。甘くしたい場合はグラニュー糖を加えますが、生クリーム180gに対して10gの割合をベースに加減して。

コーヒーには動物性のほうが合いやすいが、好みで。表示をよく確認して。

見た目もきれいにデコレーションする際には、お菓子用の絞り出し袋に入れて使うとよい。

アイスコーヒーも簡単にアレンジ

豆乳やアーモンドミルク、オーツミルクは、アイスコーヒーの割りものとしても使用できます。P86～91の手順でアイスコーヒーを作ってそこに加えるだけで簡単にアレンジできますが、アイスコーヒーを作る時間がない、手間が面倒という人はこんな便利な道具もあります。容器の中に好きな乳飲料を注ぎ、そこに挽いた豆を入れたパックを投入。そのまま一晩ほど冷蔵庫に入れておけばアイスミルクコーヒーが完成します。豆は、自分好みにブレンドしたものでも、市販のものでも構いません。暑い夏場にごくごく飲みたいときや、急な来客などのとっさの一杯に重宝しそうです。

トッピング｜5

シロップ選び

コーヒーに加えるだけで簡単にフレーバードリンクを楽しめるシロップ。コーヒーとの相性はスパイス系、フルーツ系、ナッツ系が良好です。最近は、すだちやゆずといった和素材を使ったシロップも登場しています。左にその一部を掲載しました。本書では、ストロベリーシロップやゆずシロップ、抹茶シロップ、生姜シロップなどを使ったレシピを紹介しています。好みで数種類をブレンドするなどして新しいフレーバーコーヒーを作るのも楽しいでしょう。

スパイス系

アップルパイ

ジンジャーブレッド

シナモン

フルーツ系

カシス

パッションフルーツ

ストロベリー

ナッツ系

ヘーゼルナッツ

ココナッツ

アーモンド

和素材系

すだち

ゆず

生姜

抹茶

トッピング｜6

チョコレートソース作り

モカ・ジャワ（P115参照）、アイス・モカ・ジャワ（P132参照）、アイス・モカ・ラテ（P154参照）など、「モカ」がつくアレンジコーヒーによく使われます。

作り方（でき上がり量約300mℓ）

1 ボウルにココアパウダー75g、グラニュー糖140gを入れて泡立て器で軽くまぜる。熱湯150mℓを少しずつ注ぎ入れてまぜ、生クリーム（乳脂肪分35％）75mℓを加えてさらにまぜる。

2 なめらかにまざったら、ざるなどで漉す。

3 完成。保存容器に入れ、冷蔵庫で保存する。

ホットコーヒーベース

定番のカフェ・オ・レから、ホイップクリームやスチームドミルクをあしらったメニューまで、ホットコーヒーを使ったアレンジレシピ18種をご紹介します。

※Ｐ110～158のレシピの分量は１人分です。

Café au lait

カフェ・オ・レ

フランスの朝の定番といえば一杯のカフェ・オ・レとクロワッサン。たっぷり入るカフェ・オ・レボウルでぜひ

材料

コーヒー（フレンチロースト、炭火焼きの豆使用）
—— 100mℓ

スチームドミルク（P105参照） —— 100mℓ

※コーヒーとミルクの割合は1：1が基本

作り方

1 あたためたカップにコーヒーを入れる。

2 スチームドミルクを勢いよく注ぐ。

Point コーヒーポットとミルクポットをそれぞれ手に持ち、高い位置から同時に同量をカップに注ぐのが本格的な淹れ方。この方法で淹れると、ほどよく泡が立っておいしくなります。慣れていないとかなり難しいプロの技です。

Vienna coffee

ウインナー・コーヒー

コクのある濃いめのコーヒーにホイップクリームを贅沢にトッピング。リッチな気分を味わえる、大人の定番コーヒーです

材料

コーヒー（フレンチロースト、炭火焼きの豆使用）
―― 100mℓ
ホイップクリーム（P107参照） ―― 適量

作り方

1 あたためたカップにコーヒーを注ぐ。
2 ホイップクリームを表面をおおうようにのせる。

Point ホイップクリームに多少の甘みがありますが、もっと甘みがほしい場合は、グラニュー糖をプラスして。

Café flandre

カフェ・フランドル

アーモンド独特のかぐわしさとコーヒーの強い味わいが見事に溶け合った、個性的で濃厚なアレンジコーヒー

材料

コーヒー（ブラジル産の豆使用）——— 80mℓ

牛乳 ——— 40mℓ

アーモンドプードル
——— コーヒースプーン1杯

ホイップクリーム（P107参照）——— 適量

ローストアーモンド（塩けのないもの）
——— 適量

作り方

1 鍋に牛乳とコーヒー、アーモンドプードルを入れ、軽くまぜながら、沸騰しない程度（70℃以下）に弱火であたためる。

2 あたためたカップに1を注ぎ、ホイップクリームを表面をおおうようにのせる。

3 粗く砕いたアーモンドを中心に飾る。

Point アーモンドプードルとは、アーモンドを粉末にしたもの。かなりアーモンドの香りが出るので、この香りに負けないよう、コーヒーは苦みも酸味も強い、ブラジルのようなタイプを使いましょう。甘みがほしい場合は、グラニュー糖を好みで加えます。アーモンドプードルはローステッドアーモンドシロップ10mℓでも代用可能です。

Vietnamese style coffee

ベトナム風コーヒー

専用器具で濃いめのコーヒーを淹れたら
コンデンスミルクの溶かし具合で、甘さ、まろやかさをコントロール

材料

深煎りのコーヒー粉 ——— 13g

湯 ——— 180mℓ

コンデンスミルク ——— 20mℓ

※ベトナムコーヒー用メーカーを使用(P93参照)

作り方

1 耐熱グラスにコンデンスミルクを入れる。

2 フィルターにコーヒー粉を入れる。

3 1に2をのせ、フィルターの縁いっぱいまでお湯を注ぐ。

4 蓋をしてドリップされるのを待つ。

5 コーヒーが落ちきったら蓋をとり、フィルターをグラスからはずし、裏返した蓋の上におく。

6 コンデンスミルクを好みで溶かしながら飲む。

Point アイスにして飲む場合は、氷をいっぱいに入れたグラスをもうひとつ用意し、好みの量のコンデンスミルクを溶かしたあたたかいベトナム風コーヒーを、一気に注いで冷やしましょう。

Einspänner

アインシュペナー

カフェの本場オーストリアの看板メニュー。コーヒーと同量以上のホイップクリームはまぜたりせずに、そのまま飲むのが本場流

材料

コーヒー（深煎りの豆使用）――― 100mℓ

生クリーム（乳脂肪分35%）――― 適量

粉砂糖 ――― 適量

作り方

1 生クリームを泡立て、甘みのないホイップクリームを作る。

2 あたためた耐熱グラスにコーヒーを注ぐ。

3 コーヒーとほぼ同量の1を、2の表面をおおうようにのせる。

4 粉砂糖を振る。

Point アインシュペナーとは、1頭だての馬車の意。コーヒーカップは使わず、耐熱グラスに入れます。甘みのないホイップクリームを浮かべるのが本場のスタイル。

Mocha java

モカ・ジャワ

あつあつの深煎りコーヒーに甘いチョコレートの香りが立ち上る
スイーツのようにしあわせな一杯

材料

コーヒー（深煎りの豆使用）——— 100mℓ

コーヒーシュガー
——— コーヒースプーン1〜2杯

チョコレートソース（P108参照）——— 30mℓ

ホイップクリーム（P107参照）——— 適量

チョコレートソース（飾り用）——— 適量

作り方

1 あたためたカップにコーヒーシュガーとチョコレートソースを入れる。

2 コーヒーを注ぐ。

3 ホイップクリームを表面をおおうようにのせ、チョコレートソースを飾る。

Point インドネシアのジャワ島でオランダ人が好んで飲んだことによりこの名前となったのですが、ロシアでは「ロシアンコーヒー」と呼ばれ、愛飲されています。

Mélange

メランジェ

ふわふわしたきめ細かいミルクの泡をたっぷりのせたウィーン風カフェ・オ・レ。
クリーミーで軽い口当たりが魅力

材料

コーヒー(フレンチロースト、炭火焼きの豆使用)
—— 100mℓ

牛乳 —— 100mℓ

作り方

1 鍋にコーヒーと牛乳を入れ、弱火であたためながら泡立て器で攪拌する。

2 あたためたカップに静かに注ぎ、牛乳の泡を鍋に少し残す。

3 鍋に残った牛乳の泡を、カップの表面にスプーンで静かにのせる。

Point メランジェとはフランス語で「まぜる」という意味。コーヒ と牛乳をあたためながら攪拌して、ふんわりと泡立てるのがポイントです。

English style coffee

イングリッシュ・スタイル・コーヒー

香り豊かなしっかり味のコーヒーに、清涼感あふれるミントの香りをプラス。爽快な後味がクセになる一杯

材料

コーヒー（ブルーマウンテン使用）
—— 120mℓ
ミントリキュール —— 少々
ホイップクリーム（P107参照） —— 適量
ミントの葉 —— 適量

作り方

1 あたためたカップにコーヒーを注ぐ。
2 ミントリキュールを加える。
3 ホイップクリームを表面をおおうようにのせ、ミントの葉を飾る。

Point ミントリキュールの香りや甘みに負けてしまわないよう、ブルーマウンテンのように味のしっかりした香りの高いコーヒーを使うのがポイントです。

Café limone

カフェ・リモーネ

シナモンスティックをドリッパーに入れてコーヒーといっしょに風味を抽出。
カップにつけたレモンの酸味が隠し味に

材料

深煎りのコーヒー粉 ——— 13g
シナモンスティック ——— 約3cm
レモン ——— 適量
コーヒーシュガー ——— 10g
ホイップクリーム（P107参照） ——— 適量
レモンゼスト（レモンの皮のすりおろし） ——— 適量

作り方

1 ドリッパーにコーヒー粉とシナモンスティックを入れ、ペーパードリップ法でコーヒー約120mℓを抽出する。
2 カップの縁にレモンのしぼり汁をまんべんなくつけ、カップにコーヒーシュガーを入れる。
3 2に1を注ぐ。
4 ホイップクリームをのせ、レモンゼストを飾る。

Point 輪切りにしたレモンでカップの縁をはさみ、一周させると、簡単にレモン汁がつけられます。

Dutch caramel coffee

オランダ式キャラメルコーヒー

オランダのお菓子、キャラメルワッフルをコーヒーの熱で溶かし、コーヒーといっしょに楽しむのがルール

材料

コーヒー（深煎りの豆使用）——— 100mℓ

キャラメルワッフル（市販）——— 1枚

作り方

1 あたためたカップにコーヒーを注ぐ。

2 カップの上にワッフルをのせる。

3 湯気でワッフルにはさまっているキャラメルが溶けてきたら、しっとりとしたワッフルを食べながらコーヒーを飲む。

Point キャラメルワッフルが蓋のようにカップにのって運ばれてくる、オランダのカフェには必ずあるメニューです。日本でもキャラメルワッフルが手に入るので、ぜひ試してみて。

Masala coffee

マサラ・コーヒー

インドのミルクティー、チャイのような、スパイスがたっぷり入ったアレンジコーヒー。甘さは加えず、スパイシーな味わいを楽しんで

材料

コーヒー（深煎りの豆使用）――― 100mℓ

シナモンスティック ――― 約3cm

ナツメグ ――― 少々

クローブ ――― 2粒

牛乳 ――― 110mℓ

シナモンスティック（仕上げ用）――― 1本

作り方

1 鍋にコーヒーを入れ、シナモンスティックとナツメグ、クローブを加えてあたためる。

2 冷たい牛乳を一気に加え、沸騰させないようにあたためる。

3 あたためたカップに注ぎ、シナモンスティックを添える。

Point マサラとはヒンディー語で「香辛料をまぜ合わせたもの」のこと。スパイス類は、カップに移すときにとり除いてもよいでしょう。

Cardamom coffee

カルダモン・コーヒー

カルダモンの香りに負けない濃いめのコーヒーに香りを移すのがコツ。
中近東で人気のスパイシーなコーヒーです

材料

コーヒー（炭火焼きの豆使用）——— 100mℓ

カルダモン ——— 1粒

作り方

1 あたためたカップにコーヒーを注ぐ。

2 カルダモンを手で割って加える。

3 ソーサーで蓋をして1～2分おき、コーヒーにカルダモンの香りを移す。

Point トルコでよく見かけるコーヒーです。上で紹介したほかにも、カルダモンをコーヒー粉といっしょにドリッパーに入れて抽出する方法と、鍋で煮出して漉す方法があります。カルダモンは消化を助ける働きがあるので、食後のコーヒーに最適です。

Peppermint coffee

ペパーミント・コーヒー

ミントの葉を入れたペパーミント・コーヒーは
暑い日にこそ飲みたいホットドリンク。ミントの爽やかさが、涼を誘います

材料

コーヒー（シティーローストの豆使用）
—— 100mℓ

コーヒーシュガー
—— コーヒースプーン1〜2杯

ミントの葉 —— 適量

作り方

1 あたためたカップにコーヒーシュガーを入れる。

2 コーヒーを注ぐ。

3 飲む直前にミントの葉を軽くもんで浮かべる。

Point 飲むほどに甘くなってくるように、コーヒーシュガーはあまりまぜずに、少しずつ溶けていくのを待ちながら飲むのがポイントです。ミントが口の中を爽やかにするので、魚料理を食べたあとにもおすすめです。

Brazilian style coffee

ブラジル風コーヒー

あつあつの湯気から立ち上るラム酒の芳香とチョコレートの甘さが贅沢なコーヒー。一日の終わりのリラックスタイムに最適の一杯

材料

コーヒー（深煎りの豆使用）——— 50mℓ

牛乳 ——— 150mℓ

ラム酒 ——— 20mℓ

削ったチョコレート ——— 適量

作り方

1 鍋にコーヒーと牛乳を入れてあたためる。

2 あたためたカップに注ぎ、ラム酒を加える。

3 削ったチョコレートを添える。

Point ラム酒は、あつあつのミルクコーヒーに加えることで、アルコール分が少し飛び、香りが高くなります。添えたチョコレートを入れて飲みましょう。

Honey café con leche

ハニー・カフェ・コン・レーチェ

飲むのがもったいなくなる、見た目も美しいスペイン風カフェ・オ・レ。
底に入れたはちみつがコクと風味をプラス

材料

コーヒー（深煎りの豆使用）——— 100mℓ

はちみつ ——— 15mℓ

スチームドミルク（P105参照）——— 100mℓ

フォームドミルク（P105参照）——— 適量

作り方

1 耐熱グラスにはちみつを入れる。

2 上から静かにスチームドミルクを注ぎ、フォームドミルクをスプーンでのせる。

3 コーヒーをグラスの端から、スプーンでワンクッションおきながら、まざらないよう静かに注ぐ。

Point この見た目の美しさは、それぞれの重さに関係します。まず、一番重いはちみつを底に入れ、次に2番目に重いスチームドミルクを注ぎます。最後にコーヒーを静かに注ぐのですが、このとき一番軽いフォームドミルクがコーヒーの上に上がってきます。それにより、美しい4層になるのです。見た目の美しさを生かすため、耐熱グラスで作るとよいでしょう。アイスでも楽しめます。

Marshmallow coffee

マシュマロ・コーヒー

あたたかいコーヒーにマシュマロをイン。
じんわり溶けていく様子は、見ているだけでハッピーな気分になりそう

材料

コーヒー(シティーローストの豆使用) —— 120mℓ

ホイップクリーム(P107参照) —— 適量

マシュマロ —— 適量

作り方

1 あたためたカップにコーヒーを注ぐ。

2 ホイップクリームを表面をおおうようにのせ、マシュマロを飾る。

Point あたたかいうちにホイップクリームとマシュマロをコーヒーに溶かして飲みましょう。マシュマロだけをコーヒーに浮かべてもOKです。甘みが足りない人は、コーヒーにグラニュー糖を加えて。

Coffee eggnog

コーヒー・エッグノッグ

卵のマイルドな味わいが魅力の、心と体があたたまる卵黄入りカフェ・オ・レ。
ほんわりと泡立てるのがおいしさの秘訣

材料

コーヒー（深煎りの豆使用）——— 100mℓ

牛乳 ——— 30mℓ

グラニュー糖 ——— 5g

卵黄 ——— 1個分

作り方

1 鍋にコーヒー、牛乳、グラニュー糖を入れ、沸騰させないようにあたためる。

2 フツフツしてきたら火を止め、卵黄を加えてすばやく泡立て器でまぜる。

3 あたためたカップに注ぐ。

Point 別名を「カイザーメランジェ」といいます。カイザーは「帝王」、メランジェは「まぜる」を意味しており、このドリンクは、オーストリアの皇帝、フランツ・ヨーゼフ1世が卵好きだったことから名づけられたといわれています。

Sesame milk coffee

ごまミルクコーヒー

香ばしい白すりごまと抹茶にほっこりと和みそう。
鍋であたためるスープのようなホットミルクコーヒー

材料

コーヒー（深煎りの豆使用） ——— 100mℓ
牛乳 ——— 100mℓ
白すりごま ——— 大さじ1
きな粉 ——— 適量
抹茶パウダー ——— 適量

作り方

1 鍋に牛乳、白すりごまを入れ、沸騰させないように泡立て器でまぜながらあたためる。
2 あたためたカップにコーヒーを注ぎ、1を勢いよく注ぐ。
3 茶漉しにきな粉と抹茶パウダーをまぜたものを入れてふるう。

Point 牛乳をほかの乳飲料に替えて自分好みのごまミルクコーヒーを作ってみてください。

アイスコーヒーベース

暑い季節にやっぱり飲みたくなるのがアイスコーヒー。
手軽に作れるもののほか、果物やクリームを使った
アレンジメニューならスイーツ感覚で楽しめます。

Iced café au lait

アイス・カフェ・オ・レ

濃いめのコーヒーと牛乳で作る、超定番アレンジコーヒーのアイスバージョン。大きめのグラスでたっぷり飲みたい

材料

アイスコーヒー ―― 80mℓ

牛乳 ―― 80mℓ

作り方

1 グラスに牛乳を注ぐ。

2 グラスの高さまで氷を入れる。

3 アイスコーヒーを氷に向けて、牛乳とまざらないように静かに注ぐ。

Point ゆっくり注ぐことで、牛乳とコーヒーが層になります。カフェ風に背の高いグラスに入れて、見た目も楽しみましょう。

Iced vienna coffee

アイス・ウインナー・コーヒー

オーストリア発祥のアレンジコーヒー。ホットと同様、クリームをコーヒーに溶かしてクリーミーな味わいを楽しみましょう

材料

アイスコーヒー ——— 160mℓ

ホイップクリーム(P107参照) ——— 適量

作り方

1 グラスに氷適量を入れ、アイスコーヒーを注ぐ。

2 表面が少しだけ見えるよう、ホイップクリームを片側に寄せてのせる。

Point 甘みが足りない場合は、ホイップクリームに入れるグラニュー糖の量を増やすか、シュガーシロップ(P97参照)を加えて。

Iced petit au lait

アイス・プチ・オ・レ

初心者でもくっきりとした2層が作りやすい、カクテル風アレンジコーヒー。細めのグラスに注ぐと、おしゃれ度もアップ

材料

アイスコーヒー ―― 50mℓ

牛乳 ―― 30mℓ

シュガーシロップ（P97参照） ―― 20mℓ

作り方

1 グラスに牛乳とシュガーシロップを入れてまぜる。

2 グラスの高さまで氷を入れ、アイスコーヒーを氷に向けて静かに注ぐ。

Point 牛乳とコーヒーだけでは、なかなかきれいな2層にならないのですが、牛乳にシュガーシロップを入れることで牛乳の比重が増すため、きれいな2層が簡単に作れます。

Iced mocha java

アイス・モカ・ジャワ

コーヒーの苦みとチョコレートの甘さが絶妙なデザート感覚で楽しめる、カフェでも人気のメニュー

材料

アイスコーヒー ——— 45mℓ

牛乳 ——— 100mℓ

シュガーシロップ（P97参照） ——— 15mℓ

チョコレートソース（P108参照） ——— 20mℓ

ホイップクリーム（P107参照） ——— 適量

ミントの葉 ——— 適量

作り方

1 グラスに牛乳40mℓとチョコレートソースを入れてよくまぜる。

2 グラスの高さまで氷を入れ、シュガーシロップを加えたアイスコーヒーを氷に向けて静かに注く。

3 残りの牛乳を氷に向けて静かに注ぐ。

4 ホイップクリームにチョコレートソース（分量外）を加えて軽くまぜ、マーブル状にして表面をおおうようにのせ、ミントの葉を飾る。

Point チョコレートソースがなければ、牛乳とチョコレートソースの代わりにココア120mℓを使っても。

Dessert iced coffee

デザート・アイスコーヒー

ベリー系フレーバーシロップで風味を加えたフルーティなコーヒーに炭酸水をプラス。組み合わせの妙を楽しむ、斬新な一品

材料

アイスコーヒー ——— 80mℓ

ストロベリーシロップ（P108参照）

——— 10mℓ

炭酸水 ——— 40mℓ

バニラアイスクリーム ——— 適量

いちご ——— 1粒

作り方

1 グラスの高さまで氷を入れ、アイスコーヒーを注ぐ。

2 ストロベリーシロップと炭酸水を加える。

3 バニラアイスクリームをのせ、切り込みを入れたいちごをグラスの縁に飾る。

Point フルーツ系のフレーバーシロップなら、何でもよく合います。いろいろ試してみましょう。

Iced ginger coffee

アイス・ジンジャー・コーヒー

ピリリと刺激的な手作りハニージンジャーがコーヒーの味を引き締め、爽やかさを演出。新感覚のクセになるアレンジコーヒー

材料

アイスコーヒー ——— 140mℓ

ハニージンジャー ——— 大さじ3

炭酸水 ——— 80mℓ

作り方

1 グラスにハニージンジャーと炭酸水を入れてまぜる。

2 グラスの高さまで氷を入れ、アイスコーヒーを氷に向けて静かに注ぐ。

ハニージンジャーの作り方

1 しょうが100gは皮をむいて薄切り(またはせん切り)にする。

2 さっと洗い、キッチンペーパーで水けをふきとり、保存びんに入れる。

3 しょうががひたひたになるくらいまではちみつ(約100mℓ)を加え、1日おいたら完成。

Point 市販のジンジャーエールでも作れますが、手作りハニージンジャーを使ったほうが、香りと辛みが生きておいしくなります。

Iced ginger foamed coffee

アイス・ジンジャー・フォーム・コーヒー

生姜シロップがほんのりビターで爽やかな味わい。
リフレッシュしたいときや暑い季節にふさわしい一杯

材料

アイスコーヒー ―― 120mℓ

生姜シロップ(P108参照) ―― 15mℓ

ジンパリ(スライスした生姜を乾燥させたもの)
―― 適量

ミントの葉 ―― 適量

作り方

1 カクテルシェーカーにアイスコーヒー、生姜シロップ、氷5〜6個を入れてシェイクする。

2 グラスに氷3個を入れて1を注ぐ。

3 ジンパリ、ミントの葉を飾る。

Point シェイクすることでふんわりとした泡ができ、飲み口がやわらかく、キレがよくなります。シロップを替えれば、さまざまなアレンジを楽しめます。

Iced mocha dessert float

アイス・モカ・デザート・フロート

モンブランマドレーヌやチャービルを添えて華やかに。
パフェのようなデザート系コーヒーフロート

材料（直径7.5×高さ21㎝のグラス1個分）

牛乳 —— 40mℓ

コーヒーゼリー —— 80g

アイスコーヒー —— 55mℓ

バニラアイスクリーム —— 適量

ホイップクリーム（P107参照） —— 27g

モンブランマドレーヌ —— 1個

チャービル —— 適量

モンブランマドレーヌ
（シェル型　4×7㎝、9〜10個分［約200g］）

食塩不使用バター —— 55g

グラニュー糖 —— 40g

A
- 薄力粉 —— 40g
- マカデミアナッツパウダー —— 12g
- ベーキングパウダー —— 2g

B
- 卵（Mサイズ） —— 1個（50g）
- コーヒーはちみつ —— 8g
- バニラビーンズペースト —— 2g
- 塩 —— 少々

レモン汁 —— 小さじ1/2

とかしバター（型用） —— 3g

マロンペースト —— 120g

オレンジジャム —— 20g

マロングラッセ —— 適量

準備

- バター、コーヒーはちみつは室温においてやわらかくする。
- 卵は室温におく。
- Aは合わせてふるう。
- オーブンは170℃に予熱する。

作り方

1 グラスに氷2個を入れて牛乳を注ぎ、サイコロ状にカットしたコーヒーゼリーを入れる。

2 氷2個を入れ、アイスコーヒーを氷に当たるように静かに注ぐ。

3 バニラアイスクリーム、ホイップクリーム、ピックに刺したモンブランマドレーヌ、チャービルを飾る。

モンブランマドレーヌの作り方

1 ボウルにグラニュー糖を入れ、ふるったAを加えて泡立て器でまぜる。

2 中央にくぼみをつくり、まぜ合わせたBを加え、泡立て器でまぜてなじませ、レモン汁を加えてまぜる。

3 バターを3回に分けて加え、泡立て器で20〜30回まぜる（生地をもち上げて落ちたあとがすぐ消えるくらいまで）。

4 丸口金をセットした絞り袋に入れ、冷蔵庫で3時間ほど冷やす。

5 シェル型にとかしバターを刷毛で塗り、4を18gずつ流し入れ、空気を抜いてから冷蔵庫で10分ほど冷やす。

6 170℃のオーブンで3分、190℃で4〜5分焼き、中央がふくらんだら170℃で2〜3分焼く。ふくらんだ部分が乾き、押してみて弾力があればOK。型を台に軽く打ちつけ、そのままの状態であら熱をとり、型からとり出して冷ます。

7 マロンペーストとオレンジジャムをまぜ、モンブラン口金をセットした絞り袋に入れ、6に16g絞り、砕いたマロングラッセを飾る。

Point バニラアイスクリームの分量の目安は、20番ディッシャー1杯分（25mℓ）です。

Café float

カフェ・フロート

アイスクリームをグラスの底に沈めた、見た目も斬新なコーヒーフロート。
いろいろな食べ方、飲み方を楽しんで

材料

アイスコーヒー —— 160mℓ

バニラアイスクリーム —— 適量

ホイップクリーム（P107参照） —— 適量

キャラメルソース —— 適量

いちご（飾り用） —— 1粒

作り方

1 グラスの底にバニラアイスクリームを入れ、その上に氷適量を入れる。

2 アイスコーヒーを氷に向けて静かに注ぐ。

3 ホイップクリームを表面をおおうようにのせ、キャラメルソースをかけていちごを飾る。

Point グラスの底に入れたバニラアイスクリームは、ミルクの代わりに溶かしても、そのままスプーンで食べてもOKです。

Mocha frost

モカ・フロスト

砕けた氷のシャリシャリ感がたまらない、夏場にぴったりのデザートドリンク。隠し味のバニラアイスがおいしさの秘訣

材料

アイスコーヒー ―― 100mℓ

シュガーシロップ（P97参照） ―― 10mℓ

バニラアイスクリーム ―― 適量

チョコレートソース（P108参照） ―― 20mℓ

ホイップクリーム（P107参照） ―― 適量

キャラメルソース ―― 適量

チョコレート ―― 適量

作り方

1 ミキサーにアイスコーヒーとシュガーシロップ、バニラアイスクリーム、チョコレートソース、氷5〜6個を入れて10〜20秒攪拌する。

2 グラスに注いで氷適量を加え、ホイップクリームを表面をおおうようにのせる。

3 キャラメルソースをかけ、削ったチョコレートを飾る。

Point シャーベットのようなドリンクなので、スプーンか太めのストローを添えましょう。上記のレシピは1杯分ですが、ミキサーに残ってしまう分があるので、2杯分以上をまとめて作るのがおすすめです。バニラアイスクリームの分量の目安は、20番ディッシャー1杯分（25mℓ）。

Amaretto milk coffee

杏仁ミルク・コーヒー

アーモンド風味のリキュールが味のポイント。やわらかい甘さがコーヒーとミルクに調和した、個性的なネーミングも楽しい一品です

材料

アイスコーヒー —— 100mℓ

牛乳 —— 80mℓ

アマレット —— 20mℓ

シュガーシロップ（P97参照） —— 20mℓ

ドライアプリコット —— 2個

作り方

1 グラスに牛乳とアマレット、シュガーシロップを入れてまぜる。

2 氷をグラスの高さまで入れ、アイスコーヒーを氷に向けて静かに注ぐ。

3 ドライアプリコットを飾る。

Point アマレットはアプリコットの種から作られた、アーモンドのような香りがするリキュール。アルコール度数が高めなので、量は好みで調整しましょう。

Iced café napoletano

アイス・カフェ・ナポリターノ

コーヒーとオレンジジュースのコントラストが
まるで夕空のような美しさ。太陽を思わせるドライオレンジも芸術的

材料

アイスコーヒー ――― 100mℓ
ブラッドオレンジジュース ――― 50mℓ
シュガーシロップ（P97参照） ――― 20mℓ
ホイップクリーム（P107参照） ――― 適量
ドライオレンジ ――― 1枚

作り方

1 グラスにブラッドオレンジジュースとシュガーシロップを入れてよくまぜる。
2 氷適量を入れ、アイスコーヒーを氷に向けて静かに注ぐ。
3 ホイップクリームを表面をおおうようにのせ、ドライオレンジを飾る。

Point ブラッドオレンジジュースは赤みの強いオレンジを搾ったルビー色の美しいジュースです。ふつうのオレンジジュースでも味はほとんど変わりません。

Mango & coffee soda float

マンゴー・コーヒー・ソーダ・フロート

マンゴーの旬の季節にはぜひトライしてほしい
鮮やかな黄色が美しい、カクテルのようなリゾート風コーヒー

材料

アイスコーヒー —— 100mℓ
マンゴーシロップ —— 20mℓ
炭酸水 —— 90mℓ
バニラアイスクリーム —— 適量
マンゴー —— 適量
ミントの葉 —— 適量

作り方

1 グラスにマンゴーシロップと炭酸水を注ぎ、まぜ合わせる。
2 氷をグラスの高さまで入れ、アイスコーヒーを氷に向けて静かに注ぐ。
3 バニラアイスクリームをのせ、カットしたマンゴーとミントの葉を飾る。

Point マンゴーシロップはフレーバー用のほか、かき氷用などに市販されているものでもOKです。よくまぜて飲みましょう。バニラアイスクリームの分量の目安は、18番ディッシャー1杯分（35mℓ）。

Foam iced coffee & beer –Mocktail

泡アイスコーヒー&ビール ～モクテル～

シロップやノンアルビールは自由にアレンジ可能。
いろいろ試して自分好みのオリジナルの一杯を見つけよう

材料

ゆずシロップ（P108参照） ——— 15mℓ

ノンアルコールビール ——— 130mℓ

アイスコーヒー ——— 160mℓ

作り方

1 グラスにゆずシロップを入れ、ノンアルコールビールを注ぎ、泡を落ち着かせる。

2 シェーカー（またはタッパー）でアイスコーヒーと氷を攪拌し、できた泡アイスコーヒーを1に静かに注ぐ。

Point シロップはゆず以外のものにアレンジ可能です。お酒が飲めるかたは、アルコールが入っているお好みのビールで作ってみてください。

エスプレッソベース

味わいが濃厚なエスプレッソベースのアレンジメニューは
クリームやシナモンなど、同じく味の強い材料とよく合います。
飲みごたえ十分のアレンジメニュー12種を紹介します。

Peanut cup

ピーナッツ・カップ

ピーナッツバターのこってりとした味わいで飲みごたえのあるボリューム感たっぷりの一杯。きれいな層ができるので、耐熱グラスに入れて

材料

エスプレッソ ——— 30mℓ

チョコレートソース（P108参照） ——— 15mℓ

ピーナッツバター ——— 大さじ1

フォームドミルク（P105参照） ——— 適量

ホイップクリーム（P107参照） ——— 適量

チョコレートソース（飾り用） ——— 適量

ピーナッツ ——— 適量

作り方

1 あたためたカップにチョコレートソースとピーナッツバターを入れ、よくまぜ合わせる。

2 エスプレッソを静かに注ぐ。

3 フォームドミルクをスプーンで表面をおおうようにのせ、中央にホイップクリームを浮かべる。

4 チョコレートソースをかけ、砕いたピーナッツを飾る。

Point 耐熱グラスに入れてきれいな層を見せる場合は、チョコレートソースとピーナッツバターを別の容器でよくまぜ合わせてから、グラスに移すとよいでしょう。

Spicy irish cream latte

スパイシー・アイリッシュ・クリーム・ラテ

アイリッシュウイスキーの芳醇な香りとシナモンのスパイシーな香りがベストマッチ。大人の味わいが楽しめるアレンジコーヒーです

材料

エスプレッソ ——— 30mℓ

シナモンシロップ（P108参照） ——— 7mℓ

アイリッシュクリームシロップ

——— 15mℓ

フォームドミルク（P105参照） ——— 適量

作り方

1 あたためたカップにシナモンシロップとアイリッシュクリームシロップを入れる。

2 エスプレッソを静かに注ぐ。

3 スプーンでフォームドミルクを表面をおおうようにのせる。

Point アイリッシュクリームシロップの代わりに、バニラシロップやヘーゼルナッツシロップを入れてもよく合います。シナモンシロップと相性がよければOK。

Amazake cappuccino

甘酒カプチーノ

甘酒とエスプレッソの組み合わせが新鮮な和カフェ系のアレンジコーヒー。
ゆずの香りが和テイストをさらに引き立てます

材料

エスプレッソ ―― 60mℓ

甘酒 ―― 50mℓ

フォームドミルク（P105参照） ―― 適量

ゆずの皮のすりおろし ―― 適量

作り方

1 耐熱グラスにあたためた甘酒を入れ、フォームドミルクをスプーンでのせる。

2 エスプレッソを静かに注ぐ。

3 ゆずの皮のすりおろしを飾る。

Point エスプレッソを静かに注ぐことで、エスプレッソより軽いフォールドミルクが上に上がり、きれいな3層になります。慣れていない人は、エスプレッソを注いだあとにフォームドミルクをのせてもOK。よくまぜて飲みましょう。

Caffè latte freddo

アイス・カフェ・ラテ

きりッとしたエスプレッソのほろ苦さは、夏の暑い日にぴったり。
しっかり冷やしてググッと飲みたいコーヒーです

材料

エスプレッソ ―― 30mℓ

牛乳 ―― 100mℓ

作り方

1 エスプレッソを冷ましておく。

2 グラスに牛乳を注ぎ、氷をたっぷり入れる。

3 グラスの端から1を、牛乳と適度にまざり合うよう一気に注ぐ。

Point エスプレッソは冷たくすると苦みが際立つので、甘みが足りない場合はシュガーシロップを入れて。

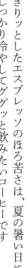

Iced cappuccino

アイス・カプチーノ

入道雲のようにふわふわと盛り上がったたっぷりのフォームドミルクが決め手。なめらかでクリーミーな泡が心地いい

材料

エスプレッソ —— 30mℓ

牛乳 —— 60mℓ

フォームドミルク（P105参照） —— 大さじ4〜6

作り方

1 エスプレッソを冷ましておく。

2 グラスに牛乳を注ぎ、氷適量を入れる。

3 フォームドミルクをスプーンで氷が隠れるくらいのせる。

4 1を氷に向けて静かに注ぐ。

Point たっぷりのったフォームドミルクがおいしさのポイント。できるだけきめ細かい泡を作りましょう。

Caffè freddo

アイス・エスプレッソ

通常の2杯分のエスプレッソを使用した、ゆっくり楽しむ大人向きドリンク。
レモンの清冽な香りはエスプレッソと相性◎

材料

エスプレッソ ——— 60mℓ

レモン ——— 適量

クラッシュアイス ——— 適量

作り方

1 エスプレッソを冷ましておく。

2 シェーカーに1と氷5〜6個を入れてシェイクする。

3 グラスにクラッシュアイスを入れて2を注ぎ、レモンをくし形に切って添える。

Point 初めはそのまま味わい、次にシュガーシロップ（P97参照）を入れて、そしてレモンを搾ってと、3つの味を楽しむこともできます。

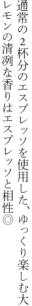

Iced bianco espresso

アイス・ビアンコ・エスプレッソ

まるでカクテルのような縁飾りがポイント。コーヒー粉、グラニュー糖をまんべんなくつけ、エスプレッソとの調和を楽しみます

材料

エスプレッソ ——— 60～70mℓ

シュガーシロップ（P97参照） ——— 20mℓ

牛乳 ——— 30mℓ

生クリーム（乳脂肪分35%） ——— 20mℓ

エスプレッソ用の深煎りコーヒー粉 ——— 適量

グラニュー糖 ——— 適量

チョコレートソース（P108参照） ——— 適量

作り方

1 エスプレッソを冷ましておく。

2 皿にコーヒー粉とグラニュー糖をのせ、よくまぜ合わせる。

3 グラスの縁にチョコレートソースをまんべんなくつけ、グラスを逆さにして2をつける。

4 1とシュガーシロップをよくまぜて3に注ぎ、氷適量を入れる。

5 牛乳と生クリームをよくまぜて4に静かに注ぐ。

Point よくまぜてから、ストローは使わずに飲みましょう。

Caffè freddo shakerato

カフェ・フレッド・シェケラート

夏のコーヒータイムをおしゃれに演出する
スタイリッシュなアイスエスプレッソ。シェーカーで一気に冷やす作り方も粋

材料

エスプレッソ —— 30mℓ

シュガーシロップ（P97参照） —— 30mℓ

コーヒー豆 —— 適量

作り方

1 シェーカーにエスプレッソとシュガーシロップ、氷5〜6個を入れ、シェイクする。

2 グラスに注ぎ、コーヒー豆を飾る。

Point 氷といっしょにシェーカーで振って一気に冷やしたエスプレッソ。グラスに氷を入れないため、時間がたっても薄まらないメリットがあります。

Rocket

ロケット

たっぷり注いだエスプレッソのパンチが利いた、大人向けのミルク入りコーヒーソーダ。暑い日にはこれくらいの刺激がちょうどいい

材料

エスプレッソ ——— 30mℓ

シュガーシロップ(P97参照) ——— 30mℓ

炭酸水 ——— 30mℓ

牛乳 ——— 60mℓ

ホイップクリーム(P107参照) ——— 適量

エスプレッソ用の深煎りのコーヒー粉 ——— 適量

作り方

1 エスプレッソを冷ましておく。

2 グラスに1とシュガーシロップを入れてよくまぜ合わせる。

3 グラスの高さまで氷を入れ、炭酸水を加えてまぜる。

4 牛乳を氷に向けて静かに注ぎ、ホイップクリームを中央にたっぷりとのせ、コーヒー粉を飾る。

Point エスプレッソにシュガーシロップを入れるので、炭酸水は甘くないものを使いましょう。

Caffè latte freddo al cocoa

アイス・モカ・ラテ

ミルクたっぷりのチョコレートドリンクにエスプレッソの苦みをプラス。
リッチなテイストの人気メニューです

材料

エスプレッソ —— 60mℓ

チョコレートソース（P108参照） —— 15mℓ

牛乳 —— 60mℓ

シュガーシロップ（P97参照） —— 15mℓ

フォームドミルク（P105参照） —— 適量

ココアパウダー —— 適量

作り方

1 エスプレッソを冷ましておく。

2 グラスにチョコレートソースを入れ、グラスの高さまで氷を入れる。

3 牛乳にシュガーシロップを加え、2の氷に向けて静かに注ぐ。

4 1を3の氷に向けて静かに注ぐ。

5 フォームドミルクをスプーンで表面をおおうようにのせ、ココアパウダーを飾る。

Point 飾りのココアパウダーはチョコレートソースでもOK。牛乳に入れるシュガーシロップで甘さを調節しましょう。

Banana and coffee smoothie

バナナとコーヒーのなめらかスムージー

相性がいいコーヒーとバナナのスムージー。
オートミール入りだから朝食代わりにもぴったり

材料

バナナ（薄切りの花形）——— 5切れ（5g）

バナナ——— 75g

エスプレッソ（または濃いコーヒー）——— 30mℓ

オートミール——— 30g

アーモンドミルク——— 80mℓ

トッピング

ホイップクリーム——— 40g

コーヒー粉（またはエスプレッソ粉）——— 適量

バナナ（厚さ1cmの花形）——— 2切れ（9g）

オートミール——— 適量

タイム——— 適量

作り方

1 グラスの内側に薄切りのバナナを貼り付け、冷蔵庫に入れる。オートミールはアーモンドミルクに浸す。

2 ミキサーに一口大に切ったバナナ、エスプレッソ、オートミールとアーモンドミルク、氷40〜60gを入れて攪拌する。

3 1に2を静かに注ぎ、ホイップクリーム、コーヒー粉、バナナ、オートミール、タイムを飾る。

Point オートミールを入れることにより、これ1杯で1日分の食物繊維を摂取できます。おなかにたまるので朝食代わりにもおすすめです。

Iced matcha cappuccino

アイス抹茶カプチーノ

抹茶が心地よい和テイストのカプチーノ。グラスの底のあんをまぜて甘さを調整しながら飲むのがおすすめです

材料

エスプレッソ ——— 30mℓ

牛乳 ——— 50mℓ

抹茶シロップ（P108参照） ——— 15mℓ

粒あん ——— 20g

フォームドミルク（P105参照） ——— 適量

抹茶パウダー ——— 適量

作り方

1 エスプレッソを冷ましておく。

2 牛乳と抹茶シロップはよくまぜ合わせる。

3 グラスの底に粒あんを詰め、2を静かに注ぐ。

4 氷をグラスの高さまで入れ、1を氷に当てながら静かに注ぐ。

5 フォームドミルクをスプーンで表面をおおうようにのせ、抹茶パウダーを振る。

Point 牛乳を豆乳やアーモンドミルク、オーツミルクに替えてもOK。甘みを入れていないので、グラスの底のあんをまぜながら飲んでください。甘みが足りない場合はシュガーシロップを入れてみて。

コーヒーアートに挑戦

かわいい絵柄に思わず
ほっこりした気分になるコーヒーアート。
エスプレッソか焙煎の深い
濃いめのレギュラーコーヒーをベースに
泡立てたきめ細かいスチームドミルク（P105参照）を
たっぷりのせて作ります。

準備（共通）

1 牛乳をあたためて耐熱ガラスのボウルに移し、ミルクフォーマーで泡立てる（写真のような耐熱カップつきのミルクフォーマーがあると便利）。

2 エスプレッソをカップの六〜七分目まで注ぎ、1のミルクをカップの縁ギリギリまで静かに注ぎ、表面を平らにする。

＊エスプレッソの目安量は30〜60mℓです。カップの大きさによって量を調節してください。

ハートモチーフ

材料

牛乳 100mℓ
エスプレッソ ―― 適量
ラズベリーソース ―― 適量

道具

ミルクフォーマー
耐熱ガラスのボウル
竹串
ケチャップ用容器

1

2

3

作り方

1 あらかじめラズベリーソースをケチャップ用容器に移し、直径1cmの円を5つ絞る。

2 竹串を使って、右側の最初の円の中心から3つ目の円の中心まで線を引く。

3 竹串についたソースを一度ふきとり、反対側の2つの円にも同様に線を引く。

ラテアート型を使う

1

2

3

*

材料

牛乳 ——— 100mℓ
エスプレッソ ——— 適量
ココアパウダー
——— 適量

道具

ミルクフォーマー
耐熱ガラスのボウル
ラテアート用の型
茶漉し

作り方

1 ラテアート用の型を用意する。市販のものもあるが(白2つ)、クリアファイルの素材であるポリプロピレンをくりぬいたり(ブルー)、段ボールで手作りしても。

2 型の端にクリップをはさみ、カップの上におく。

3 ココアパウダーを茶漉しで少しずつ均等にふりかけ、型をそっとはずす。

*絵柄ごとに型を用意して抹茶パウダーなどで色分けすれば、写真のようにカラフルに仕上げることも可能。

ひまわりモチーフ

1

2

3

4

材料

牛乳 ——— 100mℓ
エスプレッソ ——— 適量
チョコレートソース
(P108参照) ——— 適量

道具

ミルクフォーマー
耐熱ガラスのボウル
竹串
ケチャップ用容器

作り方

1 あらかじめチョコレートソースをケチャップ用容器に移し、中央やや上にひまわりの花の部分にあたる二重の円を描く。

2 茎は直線、葉にあたる部分は波線を描く。

3 二重の円の中央から外側に向かって、竹串で6本の線を引く。

4 前ページの2と同様に、竹串で波線の中央に茎の根元にあたる部分まで線を引く。反対側も同様にする。

フード

おいしいコーヒーを自宅で淹れたら、いっしょにいただく
フードやスイーツも自作してみてはいかがでしょうか。
ここでは、コーヒーと相性のいい10種をとり上げました。

Biscotti

ビスコッティ（2種）

二度焼きして水分を飛ばした堅焼きビスケット。
コーヒーに浸して食べるのが本場イタリア流です

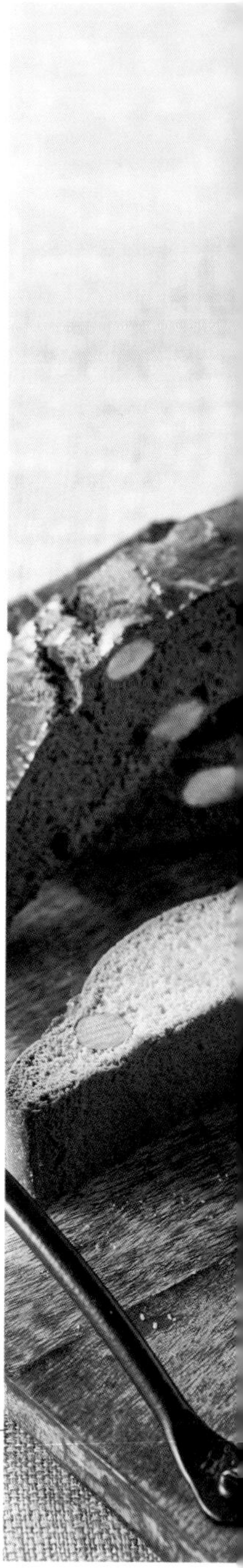

材料(作りやすい分量)

粉砂糖 ――― 180g

卵(Lサイズ) ――― 2個(120g)

卵黄 ――― 2個分

エキストラバージンオリーブオイル ――― 小さじ2

皮つきアーモンド ――― 60g

A
- 薄力粉 ――― 120g
- アーモンドプードル ――― 30g
- ベーキングパウダー ――― 小さじ1/4

B
- 薄力粉 ――― 100g
- アーモンドプードル ――― 30g
- ココアパウダー ――― 20g
- ベーキングパウダー ――― 小さじ1/4

卵黄(つや出し用) ――― 適量

準備

- AとBはそれぞれ合わせてふるう。
- オーブンは180℃に予熱する。

作り方

1 ボウルを2つ用意し、それぞれに粉砂糖90g、卵1個、卵黄1個分を入れて泡立て器でまぜ、オリーブオイル小さじ1を加えてさらにまぜる。

2 皮つきアーモンド30gをそれぞれに加え、ふるったAとBもそれぞれに加えてまぜ合わせる。粘りが出ない程度にねり、それぞれをひとつにまとめる。

3 オーブンシートを敷いた天板に2の生地をのせてそれぞれを5cm幅、2cm高さくらいの楕円形に整える。

4 つや出し用の卵黄をといて表面に塗り、180℃のオーブンで30〜40分焼く。

5 熱いうちに1.5cm幅に切り、切り口を上にして並べ直し、150℃で7分、上下を返してさらに7分焼く。

Memo イタリア・トスカーナ地方の伝統的なお菓子。コーヒーだけでなく、エスプレッソやカプチーノに浸して食べるのもおすすめです。

Apple bouquet milky muffin

アップルブーケのミルキーマフィン

アップルブーケの酸味がマフィンの甘さと絶妙にマッチ。
皮が赤いりんごを使い、焦がさないように焼き上げるのがポイント

材料（6個分）

りんご（皮が赤いもの） —— 1個

グラニュー糖 —— 84g

レモン汁 —— 15g

食塩不使用バター —— 100g

卵（Lサイズ） —— 2個（120g）

コンデンスミルク —— 20g

A | アーモンドプードル —— 30g
　| ベーキングパウダー —— 3g
　| 薄力粉 —— 70g

カルバドス —— 5g

アプリコットジャム —— 10g

準備

- バターは室温においてやわらかくする。
- Aは合わせてふるう。
- オーブンは170℃に予熱する。

作り方

1 りんごは皮つきのまま縦半分に切って芯をとり、横に薄切りにする。

2 耐熱容器に1、グラニュー糖14g、レモン汁を入れ、ラップをかけて電子レンジ（600W）で2〜3分加熱してバットに移し、ラップをかけて冷ます。

3 大きいカットりんごは5切れほどを、小さいカットりんごは3切れほどをずらしながら花びら状に巻く。

4 キッチンペーパーを敷いたバットに並べ、水分をきる。

5 ボウルにバター、グラニュー糖70gを入れてよくまぜる。

6 といた卵を少しずつ加え、そのつどよくまぜる。

7 コンデンスミルクを加えてよくまぜ、ふるったAを加えて切るようにすばやくまぜる。

8 マフィン型にグラシンケースを敷き、7を45〜50g流し入れる。

9 8に4を大なら2個、小なら3個ほどのせる。

10 170℃のオーブンで20分焼いて花びらを整え、焼き色がつきそうな花びらがあればアルミホイルで巻いてガードしてさらに8分ほど焼く。こまめに確認しながら焼き、最後にアルミホイルをはずして2分ほど焼く。

11 型から出し、熱いうちにカルバドスとアプリコットジャムをまぜ合わせて刷毛で塗り、ケーキクーラーにのせて冷ます。

Memo りんご1個から大きいアップルブーケなら12個、小さいアップルブーケなら18〜20個作るようにすると、りんごも生地も余らせずにすみます。

American cookie

アメリカンクッキー

食べごたえのある、しっとりやわらかなクッキー。
ローストの浅いアメリカンコーヒーがぴったりです

材料(各4〜5個分)

食塩不使用バター ——— 55g

グラニュー糖 ——— 25g

ブラウンシュガー ——— 20g

卵(Lサイズ) ——— 1/2個(30g)

薄力粉 ——— 90g

ベーキングパウダー ——— 4g

塩 ——— ひとつまみ

A | チョコレートチップ ——— 30g
 | くるみ ——— 25g
 | レーズン ——— 20g

B | ホワイトチョコレート ——— 30g
 | ピーナッツ ——— 25g

準備

- バターは室温においてやわらかくする。
- 薄力粉とベーキングパウダーは合わせてふるう。
- くるみ、ホワイトチョコレート、ピーナッツは粗く刻む。
- オーブンは180℃に予熱する。

作り方

1 ボウルにバターを入れてクリーム状にねり、グラニュー糖とブラウンシュガーを加えてまぜ、といた卵を少しずつ加えてよくまぜる。

2 ふるった薄力粉とベーキングパウダー、塩を加えてまぜる。

3 2の生地を2等分して2つのボウルに分け、それぞれにAとBを加えてまぜる。

4 オーブンシートを敷いた天板に、2種類の生地をスプーンですくって間隔をあけてのせ、丸く形を整える。

5 180℃のオーブンで8〜10分焼く。

Memo まぜてスプーンで落として焼くだけの簡単クッキー。中に入れるものも、焼くときの大きさも好みで。

Coffee jelly

コーヒーゼリー

本格的な抽出液で作る、食べるコーヒーは最高。
ミルクたっぷりのカプチーノを添えてもいい

材料（15×13.5㎝の角型1台分）

アイスコーヒー ―― 300mℓ

ゼラチン（板状または粉状） ―― 10g

オレンジキュラソー ―― 適量

ホイップクリーム（P107参照） ―― 適量

アーモンドスライス（ロースト） ―― 適量

準備

● ゼラチンは水でふやかす。

作り方

1 鍋にアイスコーヒーを入れ、湯気が出る程度にあたためる（沸騰させないように）。

2 1にふやかしたゼラチンを加えて溶かし、漉してからオレンジキュラソーを加えてまぜる。

3 型に流し入れ、冷蔵庫に入れて冷やし固める。

4 好みな大きさに切って器に盛り、ホイップクリームをのせてアーモンドスライスを飾る。

5 好みでガムシロップまたはシュガーシロップ（P97参照）をかける。

Memo おいしさの決め手はベースになるアイスコーヒー。本格ドリップした、香り豊かでおいしいアイスコーヒーを使いましょう。

roll cake with sudachi & amanatto

すだちと甘納豆の米粉入りロールケーキ

すだちクリームのほどよい酸味と甘納豆の甘みの組み合わせがやみつきに。
個性的な味のコーヒーといっしょにどうぞ

Rice flour

材料（25×25㎝の天板1台分）

卵（Lサイズ）――― 3個（180g）

上白糖 ――― 80g

米粉 ――― 25g

薄力粉 ――― 30g

マカデミアナッツオイル ――― 大さじ1

牛乳 ――― 40mℓ

グラニュー糖 ――― 25mℓ

食塩不使用バター ――― 10g

すだちシロップ（P108参照）――― 30mℓ

コーンスターチ ――― 大さじ1

卵黄 ――― 1個分

生クリーム（乳脂肪分35%）――― 100mℓ

ホワイトラム ――― 8〜10mℓ

甘納豆 ――― 50〜60g

準備

● 米粉と薄力粉は合わせてふるう。

● マカデミアナッツオイルにぬるま湯大さじ1を加えてよくまぜる。

● オーブンは180℃に予熱する。

作り方

1 ボウルに卵を割りほぐし、上白糖を加えて湯せんにかけ、すくい上げるとリボン状に落ちるくらいまで泡立て器でしっかりまぜる。

2 ふるった米粉と薄力粉を加えてさっくりとまぜ、ぬるま湯とまぜたマカデミアナッツオイルを加えてさらにまぜる。

3 オーブンシートを敷いた天板に流し入れ、表面を平らにする。

4 180℃のオーブンで8〜10分焼き、オーブンシートをはずして冷ます。

5 鍋に牛乳、グラニュー糖を入れてあたため、コーンスターチ、すだちシロップを加えてまぜ、沸騰させないように注意してよくとかす。

6 火を止めて卵黄を加え、泡立て器でよくまぜる。

7 弱火にかけ、ダマにならないように注意してなめらかなクリーム状になるまでゴムべらでまぜる。

8 火を止めてバターを加え、余熱でとかしてボウルに移し、氷水に当てて冷ます。

9 別のボウルに生クリームを入れて八分立てにし、8とまぜ合わせて冷蔵庫で冷やす。

10 冷めた4にホワイトラムを刷毛で塗り、9をのせて甘納豆を散らし、ロール状に巻く。

11 巻き終わりを下にしてラップで包み、冷蔵庫で冷やす。食べるときに好みで粉砂糖を振る。

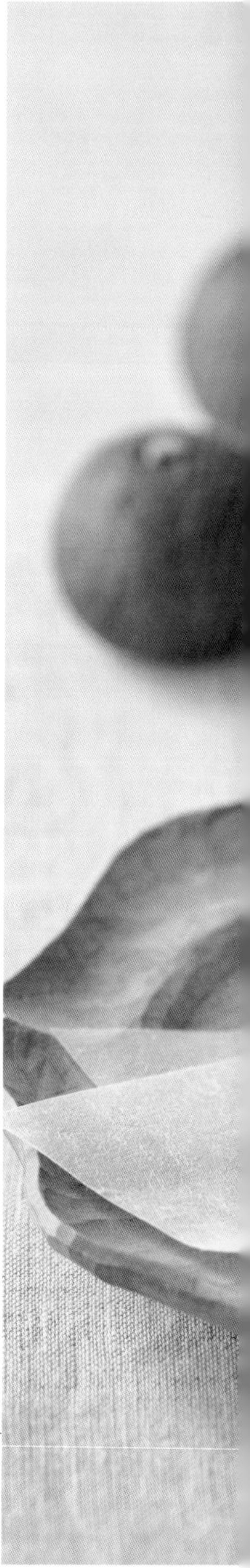

Memo 米粉を入れることで、時間がたってもしっかりふわふわの生地に仕上がります。甘納豆のほか、フルーツやナッツ類を入れても。

No-bake cheesecake

レアチーズケーキ

口当たりのいいさっぱりとした冷たいスイーツには
個性的な香りが楽しいスパイシーなコーヒーを合わせて

材料（15cmのセルクル1台分）

クリームチーズ ——— 100g

上白糖 ——— 60g

卵黄 ——— 1個分

レモン汁、レモンゼスト（レモンの皮のすりおろし） ——— 各1/2個分

板ゼラチン ——— 8g

サワークリーム ——— 50g

生クリーム（乳脂肪分35%） ——— 100g

バニラビーンズペースト ——— 3g

スポンジ生地（厚さ5mm、2〜3切れ分）

卵（Lサイズ） ——— 2個（120g）

上白糖 ——— 60g

薄力粉 ——— 60g

食塩不使用バター ——— 10g

牛乳 ——— 20g

ブルーベリーソース（作りやすい分量）

ブルーベリー（冷凍） ——— 100g

グラニュー糖 ——— 40g

レモン汁 ——— 大さじ1/2

準備

- クリームチーズは常温においてやわらかくする。
- 板ゼラチンは水につけてふやかす。
- 生クリームは六〜七分立てにし、冷蔵庫で冷やす。
- オーブンは180℃に予熱する。

作り方

1 ボウルに卵を割りほぐし、上白糖を加えて湯せんにかける。すくい上げるとリボン状になるまでミキサーで撹拌し、ふるった薄力粉を加えてまぜる。

2 別のボウルにバターと牛乳を入れて湯せんにかける。

3 1に2の少量を加えてまぜ、2のボウルに全量を移してすばやくまぜる。

4 15cmのスポンジケーキ型に流し入れ、180℃で15〜18分焼く。型からはずして冷まし、5mm厚さになるように横に2〜3等分に切る。

5 ボウルにクリームチーズと上白糖を入れてまぜ、といた卵黄を加える。

6 レモン汁とレモンゼストを加えてよくまぜる。

7 サワークリームを湯せんにかけてからゼラチンを加えてとかし、6に加える。

8 ホイップクリームを加えてまぜ、バニラビーンズペーストを加える。

9 セルクルに4を1切れ敷き、8の半量を流し入れる。これを繰り返して4層にし、冷蔵庫で2〜3時間冷やし固める。

10 耐熱ボウルにブルーベリー、グラニュー糖、レモン汁を入れ、ラップをかけずに電子レンジ（600W）で4分ほど加熱する。

11 よくまぜてから再び電子レンジで4分ほど加熱する。よくまぜてあら熱をとり、冷蔵庫で冷やす。

12 9をセルクルからはずし、切り分けて器に盛り、11をかける。

Memo スポンジ生地は市販のものでも可。ソースはブルーベリー以外でもアレンジが楽しめます。

cheese hot sandwich & green soup

きのことチーズのホットサンド&グリーンスープ

生ハムとまいたけを使用した軽やかなホットサンド。あっさりとしたコーヒーを合わせると食が進みそうです

Mushroom and

材料

きのことチーズのホットサンド(6枚切り食パン2枚分)

食パン(6枚切り) ——— 2枚

生ハム ——— 3枚

まいたけ ——— 80g

食塩不使用バター ——— 5g

スライスチーズ(プレーン) ——— 1枚

スライスチーズ(チェダー) ——— 1枚

ベビーリーフ ——— 9g

エキストラバージンオリーブオイル ——— 適量

グリーンスープ(でき上がり量約180g)

きゅうり ——— 1本

アボカド ——— 1/2個

塩 ——— 適量

黒こしょう ——— 適量

ドライオレガノ ——— 小さじ1/2

作り方

きのことチーズのホットサンド

1 フライパンにバターを熱してとかし、ほぐしたまいたけを焼く。

2 食パンにオリーブオイルを塗り、ベビーリーフ、生ハム、スライスチーズ2種、まいたけ、食パンを順に重ね、ホットサンドメーカーで3分ほど焼く。

グリーンスープ

1 きゅうりはらせん状の飾りを作り、残りは粗いみじん切りにする。

2 ブレンダーミキサーに粗いみじん切りのきゅうり、一口大に切ったアボカド、水または氷40g、塩、黒こしょう、ドライオレガノを入れて攪拌する。

3 カップに注ぎ、らせん状のきゅうりを飾り、黒こしょう、ドライオレガノ(いずれも分量外)を振る。

Memo ホットサンドメーカーがない場合は、フライパンやオーブントースターでも代用できます。

and penne tomato cream gratin

チキンとペンネのトマトクリームグラタン

香ばしい香りが食欲をそそるペンネグラタン。
冷凍ペンネなどを活用すれば自宅でも手軽に楽しめます

Chicken

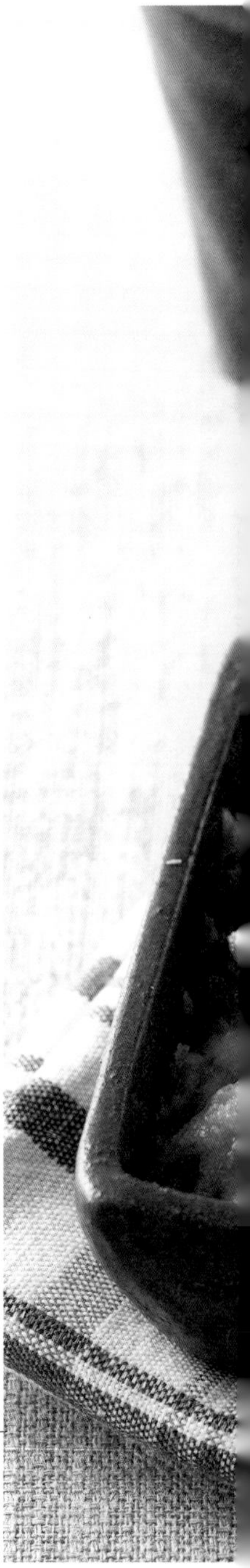

材料(2人分)

鶏もも肉 ——— 160g
ペンネ(冷凍またはゆでたもの) ——— 250g
玉ねぎ(薄切り) ——— 85g
にんにく(みじん切り) ——— 6g
ズッキーニ ——— 150g
白ワイン ——— 大さじ2
トマト缶 ——— 250g
生クリーム(乳脂肪分35%) ——— 60g
塩 ——— 適量
黒こしょう ——— 適量
シュレッドチーズ ——— 26g
エキストラバージンオリーブオイル ——— 大さじ2〜3
ローズマリー ——— 適量

チーズパン粉(でき上がり量約25g)

A
- パン粉(粗め) ——— 15g
- パルミジャーノ・レッジャーノ(またはパルメザンチーズ) ——— 5g
- ローズマリー(みじん切り) ——— 少々
- エキストラバージンオリーブオイル ——— 4g

準備

- Aをまぜ合わせてチーズパン粉を作る。
- オーブンは230℃に予熱する。

作り方

1 鍋にトマト缶を入れ、人肌にあたためてボウルに移す。生クリームを加え、塩、黒こしょうで味を調える。酸味が強ければ上白糖少々(分量外)を加える。

2 フライパンにオリーブオイルとにんにくを入れて火にかけ、2cm角に切った鶏肉を炒め、火が通ったら玉ねぎを加えて炒め、7mm厚さの輪切りにしたズッキーニを加えて炒め、白ワインを加える。

3 2に1を加えてまぜ、塩、黒こしょうで味を調え、ペンネを加えて手早くまぜる。

4 グラタン皿に入れ、シュレッドチーズとチーズパン粉6gを散らす。230℃のオーブンで10分ほど焼き、ローズマリーを飾る。

Memo 作り方1のトマトクリームソースは、あらかじめ作って冷凍しておくと便利です。トマト缶はメーカーによって味が異なり、酸味が強いものは上白糖を入れるとまろやかになります。

Pumpkin pudding à la mode

かぼちゃのプリン・ア・ラ・モード

人気のフルーツをぜいたくに盛りつけたプリン・ア・ラ・モード。
それぞれの果実味を楽しめるよう、軽めのコーヒーを合わせるのがおすすめ

材料（直径8.9×高さ9.5cmのグラス1個分）

マンゴーソース ——— 17g

バニラアイスクリーム ——— 適量

ストロベリーアイスクリーム ——— 適量

ホイップクリーム ——— 50g

かぼちゃプリン ——— 1個

オレンジ（飾り切り） ——— 1/6個

バナナ（斜め切り） ——— 2切れ

キウイ（1cm厚さ） ——— 1切れ

いちご（V字形の飾り切り） ——— 1個

クッキー ——— 1枚

かぼちゃプリン（直径5.5×高さ5cmのプリンカップ4個分）

かぼちゃペースト ——— 200g

グラニュー糖 ——— 26g

牛乳 ——— 130mℓ

板ゼラチン（または粉ゼラチン） ——— 4g

カラメルソース

　上白糖 ——— 45g

　水 ——— 6mℓ

　ぬるま湯 ——— 6mℓ

準備

● 板ゼラチンは水につけてふやかす。

作り方

1 グラスにマンゴーソース、バニラアイスクリーム、ストロベリーアイスクリームを順に入れる。

2 ホイップクリーム35gを表面をおおうように絞る。

3 片側にかぼちゃプリンをのせ、オレンジ、バナナを飾る。

4 もう片側にホイップクリーム15gを絞り、半分に切ったキウイ、いちごを飾り、クッキーをさす。

かぼちゃプリンの作り方

1 カラメルソースを作る。鍋に上白糖と水を入れて火にかける。好みの色になったら、ぬるま湯を一気に加えて色止めし、すばやくプリンカップに流し入れて固める。

2 鍋にかぼちゃペースト、グラニュー糖、牛乳、水35mℓを入れ、沸騰させないようにあたためる。

3 あら熱がとれたら、ふやかしたゼラチンを加えてとかす。

4 1に流し入れ、冷蔵庫で冷やし固める。

Memo バニラとストロベリーのアイスクリームの分量は、それぞれ18番ディッシャー1杯分(35mℓ)を目安に。最後にのせるクッキーの形はご自由に。写真のものは型から作ったオリジナルの「学園長（佐奈栄先生）クッキー」で、「カフェズ・ボンボン」(https://cafes-bonbons.stores.jp/)で購入できます。

sweet potato mont blanc parfait

焼きいもモンブランパフェ

さつまいもでアレンジしたモンブランパフェには
独特の甘みに調和する、やや深煎りのコーヒーを合わせて

Baked

材料（直径11×高さ14cmのグラス1個分）

いもみつ ——— 3g
マスカルポーネアイスクリーム ——— 適量
粒あん ——— 20g
ホイップクリーム ——— 25g
焼きいもマフィン ——— 1個
さつまいもクリーム ——— 45〜50g
焼きいも ——— 50g
くるみ ——— 2個
チャービル ——— 4〜5本
粉砂糖 ——— 適量

焼きいもマフィン（直径7cm、6個分）

卵（Lサイズ） ——— 1個（60g）
きび砂糖 ——— 60g
プレーンヨーグルト ——— 30g
生クリーム（乳脂肪分35%） ——— 100mℓ
塩 ——— ひとつまみ
A ｜ 薄力粉 ——— 90g
　｜ アーモンドプードル ——— 30g
　｜ ベーキングパウダー ——— 2g
焼きいも ——— 100g

さつまいもクリーム（でき上がり量約200g）

焼きいも ——— 120g
牛乳 ——— 10mℓ
きび砂糖 ——— 20g
生クリーム（乳脂肪分35%） ——— 60mℓ
ラム酒 ——— 2g

準備

● 卵とヨーグルトは室温におく。
● Aは合わせてふるう。
● オーブンは170℃に予熱する。

作り方

1 グラスにいもみつ、マスカルポーネアイスクリーム、粒あんを順に入れる。
2 1をおおうようにホイップクリームを絞り、焼きいもマフィンをのせる。
3 マフィンの上にさつまいもクリームをモンブラン口金または小田巻を使って絞る。
4 サイコロ状に切った焼きいも、くるみ、チャービルを飾り、粉砂糖を振る。

焼きいもマフィンの作り方

1 ボウルに卵をとき入れ、きび砂糖、塩を加えてよくすりまぜる。
2 プレーンヨーグルト、生クリームを順に加え、そのつどよくまぜる。
3 ふるったAを加え、切るようにすばやくまぜる。
4 マフィン型にグラシンケースを敷き、3を60gくらいずつ流し入れる。
5 焼きいもを乱切りにし、2切れくらいずつさし込むようにする。
6 170℃のオーブンで25〜30分焼く。
7 型からはずし、ケーキクーラーにのせて冷ます。

さつまいもクリームの作り方

1 焼きいもは皮をむいてフォークでつぶし、裏ごしする。
2 ボウルに1、牛乳、きび砂糖、ラム酒を順に入れてよくまぜる。
3 かためにに泡立てた生クリームを加えてまぜ、冷蔵庫で冷やす。

Memo マスカルポーネアイスクリームの分量の目安は、20番ディッシャー1杯分（25mℓ）です。

6章 おいしい豆を入手する

一定レベル以上のコーヒーを淹れられるようになると
もっとおいしいコーヒーが飲みたくなります。
それにはやっぱり、おいしい豆を選ぶのが一番。
「いいコーヒー豆はやっぱりおいしい」を体験すると
コーヒーを淹れることが一段と楽しくなり、
ますます世界が広がるはず。
ぜひ一度、ハイグレードな豆にトライしてみてください。

おいしい豆を入手するための基礎知識

淹れ方がうまくなると、いい豆を手に入れたくなるはず。購入時に注意したいポイント、そしてちょっと高品質の豆を購入する際に知っておきたい基礎知識をまとめてみました。

基礎知識―1

いいショップの見分け方

香りがいっぱいに漂うコーヒー豆専門店。でも香りだけでは、いい店かどうかはわかりません。香りは集客のためで、実際に買う豆は湿気や熱、酸化を避けるために密封されて日陰に保管され、香りがしないはずだからです。いいショップは店内ではなく「1買ってきた豆がいい香り」を放ちます。また、鮮度に気を遣い「2買った豆の袋を密封」して渡してくれます。「3挽いた豆に注湯した際に粉がふくらむ」こともポイントです。

自分の店で焙煎する自家焙煎が多いですが、その技術を見るには、豆を指ではさんで力を入れてみるとよいでしょう。全く割れないのは加熱不足、細かく砕けるものは加熱のしすぎ。「4指で割るとパキッと数片に砕ける」程度がよいといえます。当然「5焙煎にムラがなく色が均一に近い」ことも条件です。

ほかに「6いい店はブレンドにこだわり、品質のいい豆を使う」ケースが多いことから、ブレンド豆を購入してみて、おいしいか、好みに合うかを判断する手もあります。

いいショップの条件

1 買ってきた豆がいい香り
2 豆の袋が密封されている
3 注湯した際に粉がふくらむ
4 指で割るとパキッと数片に砕ける
5 焙煎にムラがなく色が均一
6 高品質の豆をブレンドに使う

基礎知識―2

人気の品種に注意

生産量はほぼゼロでも飲むほうではコーヒー大国の日本。高品質の豆の多くが輸入され入手できます。とはいえ多少の注意が必要。いっとき超がつく人気を誇ったブルーマウンテンなどは需要過多で品質が落ちている噂があるうえに、実際の輸入量を大幅に上回る量の〝ブルーマウンテン〟が売られており、本物はごく一部。見た目ではプロでもわからず、飲むしか見破る方法はありません。偽ブランドを買ってしまうリスクを避けるには、信頼できるショップを見つけるか、マイナーでも質のいい中南米のスペシャルティコーヒーを試してみることをおすすめします。

基礎知識 3

豆の格付けの中身を知る

おいしい豆選びの目安のひとつになる豆の格付け。スペシャルティコーヒーはP26～28でも触れましたが、ほかにもプレミアム、グルメなどの名称がついた、一般的に流通しているスタンダードより少し値の張るブランドコーヒーが存在します。ただし、これらは明確な定義はなく、味による評価とはまた異なることを知っておきましょう。ほかに自然環境や農園の労働状況などの改善のために作られた認証制度もあり、これらは明確な定義がされています。フェアトレードコーヒー、レインフォレストコーヒーなどがそれに当たりますが、最近は品質が安定してレベルが高くなりつつあるといわれています。次ページ以降の個別の豆の紹介にも分類を掲載しましたので、購入時の参考にしてください。

基礎知識 4

ブレンドの質は豆次第

最後に「ブレンドコーヒー」について。喫茶店などではストレートコーヒーの値付けが高いせいか、ブレンドは「安くて質の悪い豆」と思う人もいるようですが、そんなことはありません。確かに何がブレンドされているのかわからないローグレードのブレンドもありますが、最近ではスペシャルティに指定されている高級銘柄をわざわざブレンドした豆も販売されているくらい。それぞれの豆の長所がミックスされたブレンドが成功すると、ストレートの数段上の味わいを出すことも珍しくありません。ショップでこうしたブレンドを購入するほか、自分でブレンドにチャレンジすることで豆への理解が深まるメリットもあります。本書も参考に、ぜひ自宅でオリジナルのブレンドも試してみてください。

コーヒー豆の主な格付け

スペシャルティ

特定可能な生産農園や栽培地で豆の生産や品質管理が適正になされ、適切な輸送と保管により劣化せず焙煎されたうえで生産地の特徴的な素晴らしい風味が表現されたものとして、各国のスペシャルティコーヒー協会にて認定された高品質のコーヒー。

プレミアム

高品質とされるコーヒーのうち、名前が有名なだけに味覚面での評価とは別に高値で取り引きされるもの（諸説あり）。

グルメ

高品質とされるコーヒーのうち、美食家たちが注目して有名になった銘柄（諸説あり）。

フェアトレード

買い手が農場経営の安定のために適切な対価を保証して農園と長期契約を結び、農園は対価として環境にいい栽培法で生産したコーヒー。

スタンダード

市場で最も多く消費されている一般的なコーヒー。

オーガニック

国際基準による堆肥などの有機物を主な肥料として用い、自然環境を保全しながら、その土地が持つ地力を高めて作物の健康を図り、安全で味のいい農産物を目指す有機農法によるコーヒー。

レインフォレスト

熱帯雨林の保護と地域社会の支援を目指す国際NGOが認証するコーヒー。組織は生産性の向上や市場開拓、環境を保全する農法の研修などで農園を支援し、農園側は環境・社会・経済面の要件に従う。

South America 南米

主な生産国

ブラジル連邦共和国
コロンビア共和国
ペルー共和国
ベネズエラ・ボリバル共和国

「コーヒー王国」を中心に世界シェアの過半数を占める

南米は世界のアラビカ種のコーヒー生産の過半数以上を占めています。生産量1位のブラジル、2位のコロンビアに加えて、ベネズエラ、ボリビア、エクアドル、ペルーなどでも生産されていますが、高品質の豆といえばやはりブラジルとコロンビアが筆頭です。大規模農園で中程度の品質の商業的な豆を生産している地域も多いのですが、小規模ながらこだわった生産をしている農園も多く、その多様性はさすがにコーヒー王国と呼ばれる2カ国だけあります。ブラジルだけでも「スペシャルティコーヒー」と呼ばれるランクの豆を生産する農園が40以上はあるといわれるほどです。

コロンビアは、大規模農園が多いブラジルに比べると5ha未満の小規模な農園が多く、全体の3分の1を占めるといわれています。こちらもスペシャルティランクの豆が多数生産されています。

味のバランスがよく初心者にもおすすめ

ブラジルは広大な国土のため、気象・地理的条件が産地によって異なり、コーヒー豆のテイストが多様で、農園それぞれに個性があるといっても過言ではありません。あえていうなら、酸味は他国より少なく、やわらかいものが多めです。

コロンビアの豆は、まろやかな甘みとしっかりしたコクが特徴といわれていますが、最近は甘い香りと良質の酸味を売りにするものが増えてきました。高品質の豆であれば、どちらの国の豆もバランスがいいものが多いため、初心者が標準を知るには適しているでしょう。

Brazilian Santos No.2

ブラジル・サンントス No.2

ブレンドのベースに格好

ブラジル産の豆はサントス港から出荷されるためこの名がついており、No.2というのはブラジルの輸出規格による等級です。とはいえこの規格は非常に厳しく、No.1はありません。つまり実際にはNo.2が最高級品ということになります。コーヒーらしい香ばしさとバランスのよさが魅力です。

香り	●●●●○
酸味	●●●●○
甘み	●●●●○
苦み	●●○○○
コク	●●●○○

分類｜スタンダード

生産国｜ブラジル

適した焙煎度｜ハイ〜フルシティーロースト

Brazilian Santos Mojiana

ブラジル・サントス・モジアナ

コーヒーの代名詞

世界中から熱い支持を集めているブラジル生まれのコーヒーは、多くがサントス港から出荷されていることから、「サントス」の名がつけられています。中でも良質で人気の高いモジアナ地区産のコーヒー豆は、強すぎず、やわらかすぎない適度な苦みと、あっさりとした香ばしさが魅力です。

香り	●●●●○
酸味	●●●●○
甘み	●●●●○
苦み	●●○○○
コク	●●●○○

分類｜グルメ

生産国｜ブラジル

適した焙煎度｜ハイ〜フレンチロースト

Brazilian Natural Fermentation

分類｜スペシャルティ
生産国｜ブラジル
適した焙煎度｜ハイ〜シティーロースト

ブラジル・ナチュラル・ファーメンテーション

自然発酵特有の複雑な味わい

ファーメンテーションとは発酵の意味。この豆の原料となるコーヒーチェリーは、収穫当日に未成熟な豆や浮き豆を取り除き、選抜したチェリーをタンクに入れて48時間密閉。温度、におい、pHを管理することで、バラつきの少ないロットになります。

香り	●●●○○
酸味	●●●○○
甘み	●●●●○
苦み	●●●○○
コク	●●●●○

Colombia Excelso

分類｜スタンダード
生産国｜コロンビア
適した焙煎度｜シティー〜フルシティーロースト

コロンビア・エクセルソ

マイルドコーヒーの代表

コロンビアコーヒーは、甘さとソフトな味わいが特徴です。コロンビア産のコーヒー豆は、大きさによってのみ等級分けされているため、スタンダードコーヒーの場合、産地などの特定はありません。決められたサイズより大きいものをスプレモ、小さいものをエクセルソと呼んでいます。

香り	●●●●○
酸味	●●●○○
甘み	●●●○○
苦み	●●○○○
コク	●●●○○

Colombia Supremo Narino

コロンビア・スプレモ・ナリーニョ

スプレモの最高品質

エクアドルとの国境近くに位置するナリーニョ地区で栽培されています。アンデス山脈水系の澄んだ水を使用しているため、きわめてクリアでまろやかなテイストのスプレモ(大粒)豆です。苦みと酸味のバランスが非常によく、甘みがより強く感じられるのが特徴です。

分類	スペシャルティ
生産国	コロンビア
適した焙煎度	シティー～フレンチロースト

香り	●●●●○
酸味	●●●●○
甘み	●●●○○
苦み	●●○○○
コク	●●●○○

Colombia El Cielo Red Bourbon

コロンビア・エル・シエロ・レッド・ブルボン

乳酸菌由来のミルキーな酸味

ワイン醸造のマロラクティック発酵の手法をとり入れて、コーヒーチェリーをタンクに詰め、そこに乳酸菌を加えた状態で48～56時間かけて発酵させています。乳酸菌による発酵が力強い酸味を柔和。ジューシーな甘みとミルキーな酸味を楽しめます。

分類	スペシャルティ
生産国	コロンビア
適した焙煎度	ミディアム～ハイロースト

香り	●●●●○
酸味	●●●●○
甘み	●●●●○
苦み	●●○○○
コク	●●●○○

Emerald Mountain

分類｜スペシャルティ

生産国｜コロンビア

適した焙煎度｜ハイ〜フルシティーロースト

エメラルドマウンテン

コロンビアの象徴

エメラルドと冠することが許されるのは、FNC（コロンビア国立生産者連合会）の厳しい審査を通過したごくわずかなもの。量が非常に少ない、まさに宝石のようなコーヒー豆です。なめらかさに秀でたマイルドコーヒーの極みともいうべき比類なき香りを持つ清楚で、高貴な味わいです。

香り	●●●●○
酸味	●●●●○
甘み	●●○○○
苦み	●●○○○
コク	●●○○○

Montealto Organic

分類｜オーガニック

生産国｜ペルー

適した焙煎度｜シティー〜フレンチロースト

モンテアルト・オーガニック

有機栽培、手摘みの逸品

モンテアルトはペルーの北部に位置する地域で、この地は天然資源やエコロジーの構成要素である微生物が豊富なため、多様な植物や生き物が生息しています。有機栽培は標高1650mで5つの栽培農家によって行われており、全ての豆が手摘みで収穫されています。

香り	●●○○○
酸味	●●○○○
甘み	●●●●●
苦み	●●○○○
コク	●●●○○

Central America & Caribbean Islands

中米・カリブ海

主な生産国

コスタリカ共和国／エルサルバドル共和国
ニカラグア共和国／パナマ共和国
グアテマラ共和国／ジャマイカ／キューバ共和国
メキシコ合衆国／ホンジュラス共和国

小規模農園が多く多様な豆がそろう

中米・カリブ海諸国は国土が狭く、1カ国ごとのコーヒー生産シェアはトップのホンジュラスでも4％程度にすぎないのですが、エリア全体のシェアを総計すると世界の25％以上を占める一大生産エリアです。赤道が近いため暑いイメージがありますが、沿岸部以外は高原や山岳が多く、寒暖差が大きい気候のため、コーヒーの栽培に適しています。

中米では、南米に比べると大規模農園は少数で、小規模な農園が中心。農園ごとにバラエティ豊かなテイストを持ちます。ファッションでいうと南米が大きな百貨店、こちらはセレクトショップというところ。上に挙げた主な生産国以外にもドミニカ共和国、ハイチ共和国、プエルトリコなどで上質なコーヒーが生産されています。

香り高いカリブ海、バラエティ豊かな中米諸国

ジャマイカ、キューバのカリブ海2カ国は「ブルーマウンテン」(ジャマイカ)、「クリスタルマウンテン」(キューバ)の銘柄に代表されるように香り高く、まろやかで繊細な口当たりが特徴です。

中米諸国は前述した通り農園ごとにバラエティに富んでいるのであくまで目安程度ですが、酸味と香りのバランスがよいのがコスタリカとグアテマラ。やわらかな味わいなのはニカラグアとメキシコですが、前者はフルーティな香りが特徴で、後者は苦みが抑え気味のものが多いようです。酸味が強めなのがパナマ、逆にコクと甘みがしっかりあるのがエルサルバドルです。ホンジュラスはクリーンなボディとまろやかな酸味が特徴。

Brumas Red Honey

ブルーマス・レッドハニー

マイクロミル特有の味わい

コスタリカのコーヒー生産の中心地、セントラルバレーで主にマイクロミルという精製処理施設で作られる豆。小ロットで丁寧に栽培・精製しています。レッドハニーは製法の名称で、コスタリカ特有の程よい酸味、果実的な甘み、ミルクのようななめらかな口当たりが特徴です。

香り	●●●○○
酸味	●●●●○
甘み	●●●○○
苦み	●●●●○
コク	●●●○○

分類｜スペシャルティ

生産国｜コスタリカ

適した焙煎度｜ハイ〜シティーロースト

Don Oscar Yellow Honey

ドン・オスカー・イエローハニー

爽やかさと甘さが広がる

コスタリカの中でもスペシャルティコーヒーの産地として名高いタラス地区で、4世代にわたり家族経営を続ける農園による豆。少量生産で質の高い豆を作り上げています。果実をむいた際に残る粘液質を50%残して乾燥させるハニー製法により、果実味、甘みが豊かな味わいになっています。

香り	●●●●○
酸味	●●●○○
甘み	●●●●○
苦み	●●●○○
コク	●●●○○

分類｜スペシャルティ

生産国｜コスタリカ

適した焙煎度｜ミディアムロースト

El Guamo Black Honey

エル・グアモ・ブラックハニー

芳醇な香りと深いコクが特徴

ハニー製法とは、収穫したコーヒー果実の果肉を除去したあと、コーヒー豆の周りについている粘液質を残した状態でゆっくり時間をかけて乾燥させるもの。その粘液質をすべて残したブラックハニー製法により、際立った甘みとジューシーな果実感のある豆に仕上がっています。

香り	●●●●○
酸味	●●●○○
甘み	●●●●●
苦み	●●●○○
コク	●●●○○

分類｜スペシャルティ

生産国｜エルサルバドル

適した焙煎度｜ミディアム〜ハイロースト

Jaime Molina Bourbon

ハイメモリナ・ブルボン

有機らしい上品な味わい

ハイメモリナは、ニカラグアとホンジュラスの国境沿いのラス・セゴビア地域に広がる標高1340〜1450mに位置し、有機農法に取り組む農園です。主にブルボン・カツーラ種を栽培していて、チェリー系の風味、上品な甘みを兼ね備えた上質のコーヒー豆を生産しています。

香り	●●●●○
酸味	●●●○○
甘み	●●●○○
苦み	●●●●○
コク	●●●○○

分類｜スペシャルティ

生産国｜ニカラグア

適した焙煎度｜シティー〜フルシティーロースト

Esmeralda Geisha

エスメラルダ・ゲイシャ

人気のゲイシャ種の中でも別格

ゲイシャ種のコーヒー果実は、ほかの種と比べて多く実らないので養分が一粒一粒に行き渡り、高品質な豆が育成されます。その実を無農薬で育てて完熟実だけを手摘みした、ゲイシャ種では世界最高といわれるコーヒー豆。華やかさのある香りと強い甘み、爽やかさも感じられる味わいです。

香り	●●●●●
酸味	●●●●○
甘み	●●●●●
苦み	●●●○○
コク	●●●○○

分類｜スペシャルティ

生産国｜パナマ

適した焙煎度｜ミディアムロースト

Guatemala La Bolsa

グアテマラ・ラ・ボルサ

安定した品質を保つ

ウエウエテナンゴ高地にあるスペインの名門貴族、アギレ家が開いたラ・ボルサ農園で収穫された豆。農園内には豊富な水源があり、丹念に水洗いされて豊かな陽光で天日干しされた豆の味は、クセが少なく上品。2002年度カップ・オブ・エクセレンス第2位に輝いた高品質の豆です。

香り	●●●●○
酸味	●●●○○
甘み	●●●●○
苦み	●●○○○
コク	●●●○○

分類｜フェアトレード

生産国｜グアテマラ

適した焙煎度｜シティー〜フレンチロースト

Blue Mountain No.1

ブルーマウンテン№1

まさにコーヒーの王様

コーヒー豆の大半は麻の袋に入って輸入されますが、唯一、木製の樽に入り、証明書までついて輸送されてくる最高級コーヒー。その中でも大粒の豆だけを集めたものが、このブルーマウンテン№1です。気品あふれる香り、なめらかなコク、しっとりとした甘みと、すべてが最上級です。

分類｜グルメ

生産国｜ジャマイカ

適した焙煎度｜ミディアム～ハイロースト

香り	●●●●○
酸味	●●●○○
甘み	●●●●○
苦み	●●●○○
コク	●●●○○

Crystal Mountain

クリスタルマウンテン

キューバコーヒーの№1

キューバの中央部、シエンフエーゴス州にあるエスカンブライ山脈の標高1000m地帯は、土壌や気候、降水量など、すべてがコーヒーの栽培に最適。クリスタルマウンテンとは、その地域で採れた豆の中でも良質のものだけを示し、透明感のある飲み口で、甘く優雅な余韻が残ります。

分類｜グルメ

生産国｜キューバ

適した焙煎度｜ミディアム～シティーロースト

香り	●●●●○
酸味	●●●●○
甘み	●●○○○
苦み	●●●●○
コク	●●○○○

Asia & Pacific Ocean

アジア・太平洋

主な生産国

ベトナム社会主義共和国
インド
インドネシア共和国
パプアニューギニア独立国
中華人民共和国
アメリカ合衆国（ハワイ州）

発展途上中のアジアと断然人気のハワイ・コナ

アジアのコーヒー生産はベトナム、インド、インドネシアが中心で、単純な生産量ではこの3カ国で世界の約4分の1を占めています。生産量なら世界をリードしているといっても過言ではないのですが、そのほとんどは安価なロブスタ種。高品質なアラビカ種の生産量に限るとわずか6％程度にすぎず、インドネシアの「マンデリン」「トラジャ」など一部の銘柄を除くと、品質・知名度ともまだまだ。ただ、マレーシア、タイ、中国などを含めたこの地域の経済発展が順調に進むことで、将来は高品質のコーヒー生産に移行すると予測する専門家も多く、実際に中国などは消費量の増加とともに生産に力を入れ始めています。

一方、太平洋・オセアニア地域ではアメリカ・ハワイ州のコナ・コーヒーが人気・知名度ともに断トツ。後述するようにテイストは最高クラスですが、生産量は少なく、このエリアではパプアニューギニアが高品質の豆を生産し始めており、注目の国といえるでしょう。

フルボディのインドネシア、「最高峰の味」のコナ

インドネシア産では、華やかで濃厚な香り、深いコク、苦みがあるマンデリンが日本でも人気です。スラウェシ島のトラジャはややまろやかですが、やはりボディはしっかり。総じてコクと苦みが力強く、ワインでいうところの「フルボディ」のテイストが多いといわれます。一方、ハワイ産のコナ・コーヒーは果実のような芳醇な香りとまろやかさ、あと味のすっきり感が特徴で、ブルーマウンテンとともにバランスのよさから世界最高峰の味と評する専門家も。最高級グレードは「エクストラファンシー」と呼ばれ、ぜひ一度味わってみてほしい優雅な味です。

Java Robusta WIB-1

ジャワ・ロブスタ・WIB-1

高品質豆のロブスタ種

インドネシアでは、かなり広い地域でロブスタ種が栽培されていますが、ジャワ島産のものにのみ、WIBという格付けがされます。一般にロブスタ種はそのものを味わうものではなく、ブレンドコーヒーに用いる銘柄。1～2割ほど配合することで、コーヒーの味をまとめてくれます。

香り	●●●○○
酸味	●○○○○
甘み	●●○○○
苦み	●●●●○
コク	●●●○○

分類｜スタンダード

生産国｜インドネシア

適した焙煎度｜ミディアム～フルシティーロースト

Gayo Mountain

ガヨマウンテン

香り、コク、苦みのバランスが秀逸

インドネシア・スマトラ島のガヨ高地で栽培されるコーヒーは、17世紀にオランダ人によって伝わりました。もともと良質の豆でしたが、収穫量が少なく、出荷されませんでした。近年、インドネシア、オランダ、日本の3カ国共同プロジェクトによりさらに品質が上がり、入手しやすくなりました。

香り	●●●●○
酸味	●●●○○
甘み	●●●○○
苦み	●●●●○
コク	●●●●○

分類｜グルメ

生産国｜インドネシア

適した焙煎度｜シティー～フルシティーロースト

Mandheling Super Grade Sibolga

マンデリン・スーパーグレード・シボルガ

人の手による丁寧な豆作り

インドネシア・スマトラ島、トバ湖周辺の1200〜1500mの高原地帯で栽培されています。生産者は小規模農園が多く、大粒な豆だけを集め、手選別を数回くり返し行います。不良の豆を極限までとり除き、高品質のコーヒーができ上がります。

香り	●●●●●
酸味	●●●○○
甘み	●●●○○
苦み	●●●●○
コク	●●●●●

分類｜グルメ

生産国｜インドネシア

適した焙煎度｜シティー〜フレンチロースト

Mandheling Lintong G1 Super

マンデリン・リントン・G1・スーパー

マンデリンの最高峰

スマトラ島の北東、トバ湖の南西にあるリントン地区生産のマンデリン。徹底したハンドピックなどの品質管理で、最高ランクのG1を獲得。やさしいアロマに深いコクと強いビターの味わい。どんな飲み方にも適したマイティなでき映えです。

香り	●●●●●
酸味	●●●○○
甘み	●●●○○
苦み	●●●●○
コク	●●●●●

分類｜スペシャルティ

生産国｜インドネシア

適した焙煎度｜フルシティー〜フレンチロースト

Sulawesi Toraja

スラウェシ・トラジャ

コーヒー愛飲家も絶賛

トラジャコーヒーは気候条件の整った高地だけで育成しています。スラウェシ島の標高1000~2000mの秘境で生産されているトラジャコーヒーはカロシ・トラジャとも呼ばれ、同じインドネシア産のマンデリンよりも口当たりがやわらか。独特のまろやかさとコクが好評です。

香り	●●●●○
酸味	●○○○○
甘み	●●●●○
苦み	●●●○○
コク	●●●●○

分類｜グルメ

生産国｜インドネシア

適した焙煎度｜ハイ〜シティーロースト

Robusta Polished G1

ロブスタ・ポリッシュド・G1

最高クラスのロブスタ種

ベトナムは世界有数のコーヒー生産国。この豆は病害虫に強く、低地でも栽培でき、なおかつ手ごろなロブスタ種の中でも、最も精製状態がよく、美しいコーヒー豆です。深く焙煎することでロブスタ種独特の苦みを感じ、ミルクやアレンジコーヒーにもよく合う味わいになります。

香り	●●●○○
酸味	●○○○○
甘み	●●●●○
苦み	●●○○○
コク	●●●○○

分類｜スタンダード

生産国｜ベトナム

適した焙煎度｜ミディアム〜フルシティーロースト

Africa & Middle East

アフリカ・中東

主な生産国

エチオピア連邦民主共和国
ケニア共和国
タンザニア連合共和国
イエメン共和国
＊ほかにウガンダ／ルワンダ／マラウイ／コンゴ／ブルンジ／マダガスカルなどで生産

発祥の地を中心にスペシャルティも生産

コーヒーといえば中南米が主要生産地ですが、発祥の地はエチオピア。ブラジルには大きく水をあけられているものの、生産量世界5位と伝統をつないでいるのはさすがです。日本ではイエメンとエチオピアのモカ銘柄（両国のコーヒーはイエメンのモカ港から輸出されるため）が有名ですが、欧米ではむしろタンザニアやケニアのコーヒーの評価が高いといわれています。小規模農園が中心ですが、最近は品種の改良や洗練された加工によって品質の高い豆の生産が増え、新興のルワンダ、マラウイなどを加えてスペシャルティコーヒーの一大生産エリアになりつつあります。

艶っぽさのある個性的な味が多い

コーヒー先進諸国・中南米の洗練されたテイストに比べて、アフリカのコーヒーは個性的なものが多く、人によっては「艶っぽい」コーヒーと評する向きもあります。モカ、キリマンジャロに代表されるように、それぞれ濃厚なコク、キレのある酸味といった特徴がわかりやすく、味のイメージがしやすいのが理由かもしれません。

最近は品質にこだわったスペシャルティコーヒーの銘柄も増え、農園ごとに特徴的で洗練された豆が続々と供されるようになったため、以前に比べるとはっきりした輪郭はつかみづらくなっています。

それでも、魅惑的なアロマなど、どこかグラマーさが残るのがアフリカ産。日本ではまだ知名度・人気ともにマイナーのため、「あえて自分好みの知られざる銘柄を探すのが楽しい」という、コーヒー通にはたまらないエリアといえるかもしれません。新しい味を探している人は一度トライしてみては。

Masai AA

マサイAA

苦みを抑えた味わい

分類｜グルメ

生産国｜ケニア

適した焙煎度｜フルシティ〜イタリアンロースト

ケニアのコーヒー栽培は19世紀の終わりに始まりました。マサイは、標高1600〜2000mにあるリキニャガ地区で収穫された高品質の豆を、丁寧にブレンドして作り上げたコーヒーです。上品な酸味と甘み、心地よい渋みも感じる、飲みごたえのある味わいです。

香り	●●●●○
酸味	●●●●●
甘み	●●○○○
苦み	●●●○○
コク	●●●●○

Burka Snow Top

ブルカ・スノートップ

味わいのバランスが絶妙

分類｜グルメ

生産国｜タンザニア

適した焙煎度｜ミディアム〜ハイロースト

キリマンジャロ連峰の標高1400mに位置するブルカ農園が生産するコーヒー豆。その名峰の頂にある雪をイメージしてスノートップと命名されました。やわらかく上品な酸味と甘み、芳醇なコクと香り、すっきりとしたあと味と、タンザニアの中でも最高品質のキリマンジャロコーヒーです。

香り	●●●○○
酸味	●●●○○
甘み	●●○○○
苦み	●○○○○
コク	●●●●○

Mocha Mattari

モカマタリ

野性味あふれるモカ

「モカ」とはその昔、ヨーロッパにコーヒー豆を出荷するための港として栄えたイエメンの町の名前。ここで出荷されるイエメンとエチオピア産の豆をモカと呼んでいます。中でもイエメン産のモカマタリは、野性味という表現がぴったりの個性的な酸味と香りで、世界中で愛されています。

香り	●●●●○
酸味	●●●●○
甘み	●●●○○
苦み	●●●●○
コク	●●●○○

分類｜グルメ

生産国｜イエメン

適した焙煎度｜ハイ～フルシティーロースト

Guji

グジ

近年注目を集める地域

エチオピアのシダモ州グジ地区で栽培されるコーヒー豆は、従来はシダモエリアのコーヒーとして出荷されていました。近年、品質の高さが評価され、グジ地区単独で取り引きされるようになり、さらに高品質のコーヒーになりました。やわらかな酸味、紅茶のような香りが特徴です。

香り	●●●●●
酸味	●●●○○
甘み	●●○○○
苦み	●●●●●
コク	●●●○○

分類｜グルメ

生産国｜エチオピア

適した焙煎度｜ハイ～フルシティーロースト

Yirgacheffe

イルガチェフ

最適な環境で栽培

森と湖に囲まれた標高2000mに位置するイルガチェフ村。この村で栽培されているモカイルガチェフは、かたくなに守り続けられる製法と質へのこだわりにより、年間生産量が非常に少ない貴重な豆です。口いっぱいに広がる素晴らしい甘みとクリーンなあと味が、高い評価を得ています。

分類｜スペシャルティ

生産国｜エチオピア

適した焙煎度｜ハイ〜フルシティーロースト

香り	●●●●○
酸味	●●●●○
甘み	●●○○○
苦み	●●○○○
コク	●●○○○

Skyhill

スカイヒル

酸味が心地よく、コク深い

ルワンダはアフリカの中央に位置する国で、ルワンダコーヒーの歴史はドイツ人宣教師によって持ち込まれたのが始まりです。スカイヒルの産地、ニャマシェケ地域は肥沃な土壌に恵まれ、肥料などを使わず自然栽培が行われています。味わいは柑橘系の酸味で、クリーミーなコクが特徴です。

分類｜グルメ

生産国｜ルワンダ

適した焙煎度｜シティ〜フルシティーロースト

香り	●●●○○
酸味	●●●●○
甘み	●●○○○
苦み	●●●●○
コク	●●●○○

オリジナルブレンドコーヒーを作る

1種類のコーヒー豆から淹れたストレートコーヒーに対し、奥行きのある複雑な味を楽しめるのがブレンドコーヒーの魅力。それぞれの豆の特徴を生かして自分好みのオリジナルブレンドを作ってみましょう。

サンプル編

ストレートで特徴をつかみブレンドに生かす

コーヒー豆は産地や種類によってそれぞれに味の特徴があります。それらの長所を引き出し、短所を補って、調和のとれた味を作り出すのがブレンドコーヒー。自分が求める味を自由に作り出せるところが最大の魅力です。

ブレンドを試みる前に、使用するコーヒー豆の特徴をよく理解することが大切です。ストレートで味わってみて、酸味が強い、香りが豊かなど、それぞれの豆の特徴をしっかり理解しましょう。そのうえで、どのような味のブレンドコーヒーを作りたいのかをイメージし、豆の組み合わせを考えていきます。

基本的には3〜5種類の豆を組み合わせます。それ以上の種類を組み合わせるにはプロ並みの知識と経験が必要となるので、まずは3〜5種類を組み合わせることから始めてみましょう。

左ページに目安となる基本配合の例を挙げました。初心者はこれをもとにレパートリーを広げていくとよいでしょう。

主な豆の種類と特徴

今回使用したのは、スペシャルティやグルメなどの高価で入手しづらいものではなく、一般的に入手しやすい商業的な豆。格付けなどの表示がなく、一部を除いては国名で売られていることが多いので国名表記としました。

酸味系
- **コロンビア**
- **タンザニア**（キリマンジャロ）
- **エチオピア**（モカ）
- **ケニア**
- **グアテマラ**
- **イエメン**（モカマタリ）
- **メキシコ**

苦み系
- **ブラジル**
- **マンデリン**
- **ハワイ**（ハワイ・コナ）
- **インドネシアロブスタ**

適した焙煎度
=ミディアムロースト～シティーロースト

あっさり味のブレンド

気品あふれるカリブ海コーヒーのブルーマウンテンに、ブレンドには欠かせない抜群のバランスを持ったブラジルとコロンビアをプラス。さらに苦みのあるマンデリンを加えて、コクがあるのに飲みやすいコーヒーに仕上げます。

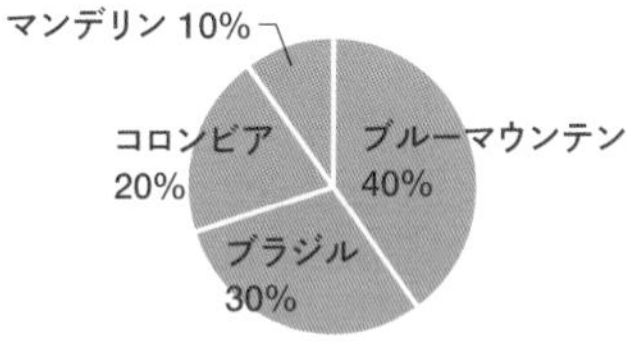

適した焙煎度
=ライトロースト～ハイロースト

酸味を利かせたブレンド

マイルドな酸味を持つコロンビアをベースに、コクのある酸味と豊かな香りのタンザニア、甘みのある酸味が特徴のケニアを配合。複雑にからみ合った酸味をベーシックな味わいのブラジルでまとめ、飲みやすく仕上げます。

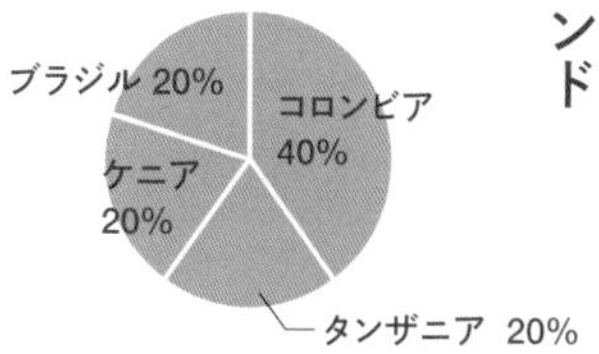

適した焙煎度
=シティーロースト～フルシティーロースト

濃厚な味わいのブレンド

苦みと酸味のバランスが絶妙なブラジルと、コクと甘みが際立ったコロンビアを同じ割合でブレンド。コクのある酸味のタンザニアとコクのある苦みのマンデリンで味に強さを出し、グアテマラの苦みで全体を引き締めます。

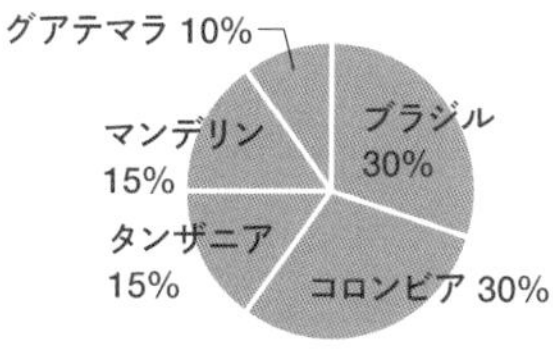

適した焙煎度
=ミディアムロースト～シティーロースト

苦みを利かせたブレンド

バランスのよいブラジルをメインに、苦みと香りの強いマンデリンを配合。少量ずつ加えたコロンビア、タンザニア、グアテマラのそれぞれの酸味とコクが全体の苦みとうまみを引き出し、コーヒー特有の広がりのある味を作り出します。

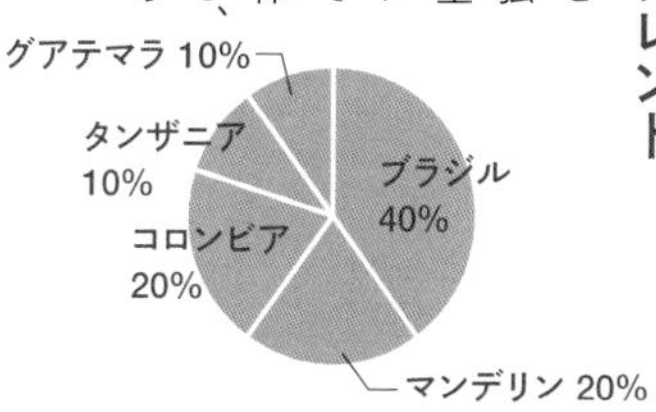

適した焙煎度
=ライトロースト～フルシティーロースト

酸味＋あと味すっきりブレンド

マイルドな酸味を持つコロンビアをベースに、豊かな酸味のエチオピア（モカ）、コクのある酸味と豊かな香りのタンザニアで酸味の幅を広げます。さらに、バランスのよいブラジルを多めに使ってすっきりとしたあと味を演出。

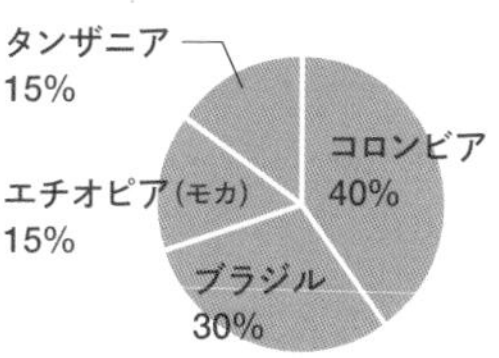

適した焙煎度
=ミディアムロースト～フルシティーロースト

苦み＋コクのブレンド

ブラジルとコロンビアで洗練された苦みとコクのベースを作り、タンザニアでコクのある酸味をプラス。インドネシアロブスタとエチオピア（モカ）でパンチの利いた苦みを作り出し、味の幅を広げて奥行きのあるコクを出します。

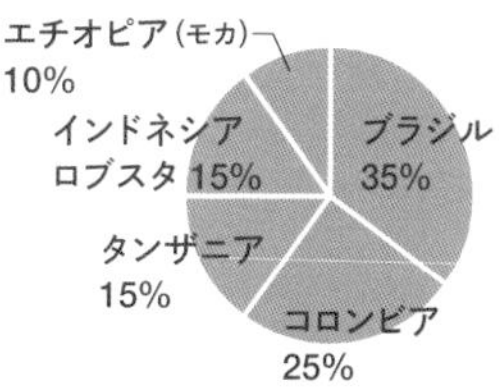

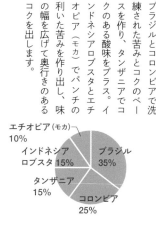

オリジナルブレンドコーヒーを作る　実践編

用意するもの

デジタルスケール
（正確に計るためにデジタルタイプがおすすめ）

ボウル［小］
（コーヒー豆を計量するためのもの。なければプラスチック容器などでも可）

ボウル［大］
（計量した豆を合わせてまぜるためのもの）

計量はしっかり正確に。

作り方

1 **自分がどのような味を作りたいかイメージする**
酸味よりも苦みを感じるコクのある味、などできるだけ詳しく。

2 **使用するコーヒー豆の味をそれぞれ確認する**
ブレンド前に、使用するコーヒー豆を1種類ずつ挽いて抽出し、それぞれの味を確認する。

3 **豆を1種類ずつ計量し、バランスよくまぜる**
1種類ずつ計量し、大きなボウルに移して全体をバランスよくまぜる。

4 **オリジナルブレンドのでき上がり**
でき上がったオリジナルブレンドコーヒーを挽いて抽出し、味を確認する。

ポイント

・豆は5種類くらい用意する。
・豆はできるだけ新鮮なものを使用する。
・豆の焙煎度合いはなるべく揃える。
・それぞれの豆の味を確認する際は同じ器具、同じ条件で抽出する。
・全体の比率が100％＝100gになるように作る。
・豆は必ず小さなボウルで1種類ずつ計量し、大きなボウルに移す。

ブレンド表を作ろう

ブレンド表を作り、手順を細かく記入しておきましょう。あとで同じものを作りたい、またはさらにアレンジを加えたいと思ったときにとても便利です。

ブレンド表 No.　　　年　月　日　Point 1

ブレンド名　Point 2　やわらかブレンド(HOT)

ブレンドイメージ　苦みと酸味のバランスがよく、Point 3　口に含んだときのコクと　すっきりしたあと味が特徴

焙煎度合い　シティーロースト

	コーヒー豆の産地(銘柄)	比率
1	ブラジル・モジアナ Point 4	Point 5 40%
2	コロンビア・ナリーニョ	30%
3	パナマ・SHB	20%
4	ケニア・AA	10%
5		

感想　Point 6　思いどおりの味になりました。おいしいです。ブラジルやコロンビアをほかの品種で試すのもおもしろいかも。

Point 1 ナンバリングと日付は忘れずに。

Point 2 HOT用のブレンドなのかICE用のブレンドなのかを記入する。

Point 3 味のイメージはできるだけ具体的に書くこと。

Point 4 同じ産地でもいろいろな銘柄がある。わかる範囲で詳しく記入を。

Point 5 合計が100%＝100gになるように。

Point 6 イメージどおりの味に仕上がったかなど、細かく記入を。今後の参考になる。

インターネット通販で豆を手に入れる

たいていの豆がインターネット通販で入手できるようになったこのごろ。ショップが多すぎてどこを選んだらいいか迷うくらいです。通販でお店を選ぶときのポイントを整理しました。

「焙煎豆の鮮度」を保証してくれる店を選ぶ

近くにいいコーヒー豆専門店がない場合は、インターネット通販が便利です。ただし、注意したいのは「焙煎豆の鮮度」。焙煎後の豆は1週間から、せいぜい2週間までがおいしい期間ですから、通販の場合は到着までの日数を計算に入れて、できるだけフレッシュな豆を販売しているところを選ぶ必要があります。ショップ選びは以下のポイントを参考にしてください。

ポイント 1

「焙煎後すぐの販売」か「受注後に焙煎」

自信のあるショップは「焙煎後××日以内に発送できる」などと宣伝しています。最近では「100%受注後の焙煎」「煎りが選べる」ショップも。もちろん受注後に焙煎してくれるショップが理想的です。

ポイント 2

到着までの日数が計算できる

配送方法や発送までの期間を明記しているショップを選びましょう。目安は「2~3日以内の発送」。それ以上だと、配送日数を入れて到着まで1週間は見なくてはならず、豆の鮮度が落ちてしまいます。

ポイント 3

問い合わせ先が明記されている

豆の種類についてもっと詳しく知りたい、焙煎方法はどこまで細かく指定できるのか、商品は密封されて送られてくるのかなど、知りたい情報が掲載されていない場合、メールや電話で問い合わせてみましょう。その対応によってもショップの真摯さ加減がわかるので、購入前にコンタクトをとってみるのも有効です。

ポイント 4

小ロットで頼める

フレッシュさが保てる2週間以内で飲みきることを考えると、できるだけ小ロットで豆を販売しているショップがいいでしょう。最初に利用するときは、豆の品質のお試しというニュアンスもあるので、できれば100g単位、せいぜい200g単位で売ってもらえるところで1つだけ買ってみるのがベター。輸送コストのほうが高くなってしまうと小ロット買いを敬遠する人もいますが、たくさん注文するのは、実際に飲んで気に入り、到着までの日数もそれほどかからないことを確認してから。到着後は、すぐに飲む分以外を冷蔵庫や冷凍庫で保存（P40~41参照）することも忘れずに。

おすすめの通販ショップ

珈琲豆専門店「アロマビーンズショップ」

https://www.enjoy-coffee.com/

この章の豆カタログでもご協力いただいた「共和コーヒー店」の通販サイト。焙煎技術に定評があり、特に職人が火加減を見ながら紀州備長炭で焙煎したコーヒー豆は業界内の評判も高く、リピーターが続出。厳選した高品質の豆を、適正な価格でとり揃えています。スペシャルティコーヒーも100g 520円〜(2018年10月現在)と手ごろな価格で購入可能。豆の挽き具合が指定できるのもうれしいポイント。お試し的な性格が強い「お得なコーヒー豆セット」もあり、初めてでとりあえず試してみたいという人にもおすすめです。下記に紹介したコーヒーインストラクター検定の創設にも携わり、コーヒー文化の普及に努めています。

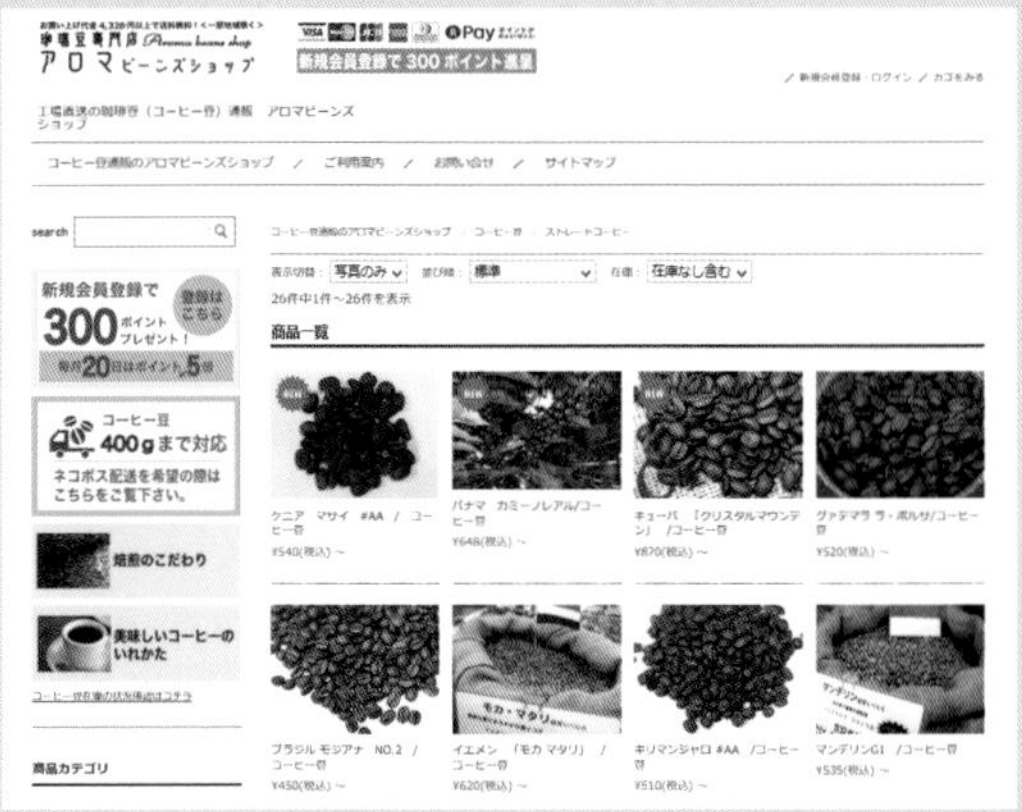

コーヒー資格試験にチャレンジ!

自分でおいしいコーヒーが淹れられるようになり「もっとコーヒーについて知りたい」「ゆくゆくはカフェを開きたい」と思ったら、資格試験に挑戦してみてはいかがでしょうか。現在、代表的な資格認定制度としては、全日本コーヒー商工組合連合会が制定する「コーヒーインストラクター検定」と日本カフェプランナー協会主催の「カフェプランナー資格」があります。コーヒーインストラクター検定は、コーヒーの正しい知識の普及と技術の向上を目指して設立されたもの。当初はコーヒー製造業者などプロ向けでしたが、現在は一般消費者も自由に受けることができ、年々受講者も増えているそう。一方、カフェプランナー資格は自分でカフェを開業したい人や食ビジネスに携わる人向けの認定制度。コーヒーなどの飲食物はもちろんのこと、カフェの経営やサービスについても深い理解が求められます。どちらも挑戦しがいのある資格。チャレンジすることでコーヒーへの理解がさらに深まり、充実したコーヒーライフが送れることでしょう。

コーヒーインストラクター検定 https://kentei.jcqa.org/

カフェプランナー資格 カフェビジネスをトータルにサポート 日本カフェプランナー協会 http://www.cafeplanner.net/

著者

富田佐奈栄（とみた さなえ）

日本カフェプランナー協会会長、佐奈栄学園 カフェズ・キッチン学園長。テレビ番組をはじめとする各メディア出演のほか、食品メーカーなどに商品企画やメニュー提案なども行い、数々の本を出版するなど、カフェのスペシャリストとして活躍中。さらに、講演などを通してカフェビジネスの発展に全力を注ぐ。型にとらわれないオリジナリティあふれる発想で大手洋菓子メーカーのヒット商品である「チーズケーキ パフェ」などを開発したあと、カフェ開業スクールとしてのパイオニアとなる「カフェズ・キッチン」を設立し、多くの卒業生を輩出（卒業生の開業数は、2022年10月現在、360店舗を超える）。日本カフェプランナー協会を設立し、実践的資格の普及と育成、さらにカフェビジネスのクオリティ強化に努める。カフェを始める人のビジネススクール「カフェズ・キッチン」は、1996年の設立以来、絶えず発展を続けている。

増補改訂版《ぞうほかいていばん》

おいしい珈《コー》琲《ヒー》を自《じ》宅《たく》で淹《い》れる本《ほん》

2023年1月20日　第1刷発行

著　者　富田佐奈栄《とみたさなえ》

発行者　平野健一

発行所　株式会社主婦の友社
〒141-0021 東京都品川区上大崎3-1-1
目黒セントラルスクエア
03-5280-7537（編集）
03-5280-7551（販売）

印刷所　大日本印刷株式会社

ISBN978-4-07-453670-2

■本書の内容に関するお問い合わせ、また、印刷・製本など製造上の不良がございましたら、主婦の友社（tel 03-5280-7537）にご連絡ください。

■主婦の友社が発行する書籍・ムックのご注文は、お近くの書店か主婦の友社コールセンター（tel 0120-916-892）まで。

＊お問い合わせ受付時間　月〜金（祝日を除く）9:30〜17:30

主婦の友社ホームページ　https://shufunotomo.co.jp/

協力｜
カフェズ・キッチン
東京都目黒区上目黒1-18-6 佐奈栄学園ビル
tel 03-5722-0378
http://www.sanaegakuen.co.jp/
http://www.cafeplanner.net/
佐々木 潔、福井陽子
森田和吉（共和コーヒー店）

デザイン｜芝 晶子（文京図案室）

撮影｜北川鉄雄

写真協力｜宮ノ前宗隆、パパイヤ牛乳さん

スタイリング｜田口竜基

校正｜荒川照実、佐藤明美

DTP｜天満咲江（主婦の友社）

編集｜水谷浩明（デュウ）

編集担当｜天野隆志（主婦の友社）

＊本書は『新版 おいしい珈琲を自宅で淹れる本』に、新規写真を加えて再編集したものです。